FRANÇAIS

nature à écrire

FONCTIONNEMENT DE LA LANGUE
Grammaire – Orthographe – Conjugaison

Équipe SEDRAP :
Patrick BEYRIA, *Directeur d'Édition*
Serge BOËCHE, *Directeur d'Édition*
Marcel PINEAU, *Conseiller pédagogique*
Consultants :
Michel GRANDATY, *Professeur d'IUFM*
Yves MOLE, *Conseiller pédagogique*
Régis DELPEUCH, *Directeur d'École*

Cycle 3
3ᵉ année
CM2

Équipe CNED dirigée par Gérard BÉE,
Inspecteur de l'Éducation Nationale :
Daniel CAMBUS, *Professeur des Écoles*
Josette RIVALS, *Institutrice Spécialisée*
Suzanne RAYNALY, *Institutrice*

Editions
SEDRAP

ISBN 2 84117-038-1
© Éditions SEDRAP 1996
Société d'Édition et de Diffusion pour la Recherche et l'Action Pédagogique
BP 1365 - 31106 Toulouse Cedex

AVANT-PROPOS

Ce manuel « Nature à Écrire » ② doit être utilisé avec la manuel de lecture « Nature à Lire » ①. Les auteurs ont souhaité faire prendre conscience à l'enfant que l'apprentissage des activités réflexives (orthographe, grammaire, vocabulaire) est étroitement lié à l'observation du système de la langue issue de textes vrais : littéraires et documentaires. En effet, les dernières recommandations officielles rappellent que « l'apprentissage de la grammaire ne peut être considéré comme une fin en soi ».

Démarche pédagogique

Elle est conforme à toute démarche d'appropriation active, prenant en compte les différents rythmeurs d'acquisition des enfants. C'est ainsi que, pour chaque compétence ou acquisition, on retrouve la structure suivante :

- **Mon contrat** → L'élève sait d'emblée ce qu'on attend de lui.
- **J'explore** → L'élève recherche, dans des textes de qualité, des phénomènes de langue relatifs à la compétence visée.
- **Ce que je dois savoir** → L'élève dispose de l'essentiel à retenir.
- **Je m'entraîne** → L'élève réinvestit ses nouvelles connaissances et s'entraîne pour renforcer ses acquis.
- **Je m'évalue** → L'élève mesure ses progrès immédiats puis d'une manière différente (intégration du savoir).

Un ensemble d'outils complémentaires

Ce dispositif d'outils « Nature à Lire » et « Nature à Écrire » serait incomplet si les auteurs n'avaient pas pris en compte la « Production d'écrits » ③ sous la forme d'un cahier individuel qui associe harmonieusement les exercices structurant et les activités de réinvestissement, voire de projets de vie.

SOMMAIRE = table des matières

GRAMMAIRE

Les Classes de Mots	p. 7 à 10
Les Déterminants	p. 11 à 14
L'Adjectif Qualificatif	p. 15 à 18
Les Types de Phrases	p. 19 à 22
Le Sujet	p. 23 à 26
Le Complément d'Objet Direct	p. 27 à 30
Le Complément d'Objet Indirect	p. 31 à 34
L'Attribut du Sujet	p. 35 à 38
Les Compléments Circonstanciels	p. 39 à 42
Les Adverbes	p. 43 à 46
Les Propositions Indépendantes, Principales, Subordonnées	p. 47 à 50
Les Propositions Juxtaposées, Coordonnées	p. 51 à 54
Les Propositions Subordonnées Relatives, Les Propositions Subordonnées Conjonctives	p. 55 à 58
La Proposition Subordonnée Conjonctive Complément d'Objet	p. 59 à 62
Les Subordonnées Circonstancielles	p. 63 à 66

ORTHOGRAPHE

Le Pluriel des Noms en -AL ou en -AIL	p. 69 à 72
Le Pluriel des Noms Composés	p. 73 à 76
L'Accord dans le Groupe Nominal : Nom/Adjectif Qualificatif	p. 77 à 80
Les Mots Invariables	p. 81 à 84
Participe Présent/Adjectif Verbal	p. 85 à 88
Le Participe Passé avec ÊTRE	p. 89 à 72
Le Participe Passé avec AVOIR	p. 93 à 96
Infinitif – Participe Passé – Verbe Conjugué	p. 97 à 100
on/ont – et/est – a/à – son/sont	p. 101 à 104

SAIT – SAIS – C'EST – S'EST	p. 105 à 108
TOUT – TOUTE – TOUS – TOUTES	p. 109 à 112
LEUR - LEURS	p. 113 à 116
QUEL – QUELS – QUELLE – QUELLES – QU'ELLE – QU'ELLES	p. 117 à 120
SE – CE	p. 121 à 124

CONJUGAISON

LES GROUPES DE VERBES	p. 127 à 130
LE PRÉSENT DE L'INDICATIF (VERBES DES 1ᵉʳ ET 2ᵉ GROUPES)	p. 131 à 134
LE PRÉSENT DE L'INDICATIF (VERBES DU 3ᵉ GROUPE)	p. 135 à 138
L'IMPARFAIT DE L'INDICATIF	p. 139 à 142
LE FUTUR SIMPLE DE L'INDICATIF	p. 143 à 146
LE PASSÉ SIMPLE DE L'INDICATIF	p. 147 à 150
IMPARFAIT ET PASSÉ SIMPLE	p. 151 à 154
LES TEMPS COMPOSÉS DE L'INDICATIF :	
LE PASSÉ COMPOSÉ – LE PLUS-QUE-PARFAIT	p. 155 à 158
FORME ACTIVE ET FORME PASSIVE	p. 159 à 162
VERBES À LA FORME PRONOMINALE	p. 163 à 166
LE SUBJONCTIF PRÉSENT	p. 167 à 170
LE CONDITIONNEL PRÉSENT	p. 171 à 174
L'IMPÉRATIF PRÉSENT	p. 175 à 178
LES VERBES IMPERSONNELS	p. 179 à 182

MÉMENTO

LES 100 MOTS INVARIABLES LES PLUS SOUVENT UTILISÉS	p. 185
TABLEAUX DES CONJUGAISONS :	
VERBES DU 1ᵉʳ GROUPE	p. 186 et 187
VERBES DES 2ᵉ ET 3ᵉ GROUPES, AUXILIAIRES ÊTRE ET AVOIR	p. 188 et 189
VERBES DU 3ᵉ GROUPE	p. 190 et 191

GRAMMAIRE

LES CLASSES DE MOTS

MON CONTRAT — *Distinguer les classes de mots variables et les classes de mots invariables.*

J'EXPLORE

La naissance du cocotier
Bernard Clavel
p. 200

① **Où se passe l'action ? Qui est l'invité du dîner ?**

② **Lignes 1 à 21**
  [a] Relève 10 noms communs.
  [b] Relève les noms propres.
  [c] Relève 5 adjectifs qualificatifs.
  [d] Relève 5 déterminants. Essaie de les classer suivant leur nature (adjectifs possessifs, articles définis, articles indéfinis…).
  [e] Y a-t-il des conjonctions de coordination ? Si oui, cite-les.

③ **Classe tous les mots trouvés dans le tableau ci-dessous :**

Mots variables	Mots invariables

CE QUE JE DOIS SAVOIR

LES CLASSES DE MOTS

[1] Les **mots** appartiennent à des **classes** différentes :
les **verbes** *(marier, voir, être, avoir…)*,
les **noms propres et les noms communs** *(Hina, Tahiti, fille, père…)*,
les **déterminants** *(un, l', des, ce, la, son, certains…)*,
les **adjectifs qualificatifs** *(jeune, unique, riche…)*,
les **adverbes** *(naturellement, très, aussitôt, enfin…)*,
les **pronoms** *(elle, lui, qui, tu…)*,
les **prépositions** *(de, à, pour, dans, par…)*,
les **conjonctions** *(mais, ou, et, car, lorsque…)*.

[2] Certains sont **variables** (noms, pronoms, déterminants, adjectifs qualificatifs, verbes), d'autres sont **invariables** (adverbes, prépositions, conjonctions).

JE M'ENTRAÎNE

① **Rendez-vous à la page 198 de Nature à Lire.**

- Lis le passage de la ligne 1 à la ligne 9. Relève 15 noms communs.
- Relève les différentes sortes de déterminants précédant chacun de ces noms.
- Note les mots appartenant à la classe des verbes.
- Y a-t-il des mots invariables ? Relève-les. À quelle(s) classe(s) appartiennent-ils ?
- Dans le texte de la page 198 (lignes 1 à 9), récapitule, phrase par phrase, ce que tu as découvert (suivant l'exemple ci-dessous) :

Mot	Classe
la	déterminant
nuit	nom
tombait	verbe
sur	préposition
la	déterminant
grande	adjectif qualificatif
forêt	nom
guyanaise	adjectif qualificatif

JE M'ÉVALUE

à faire

Tout de suite

① **Complète les phrases suivantes* :**

Ce *(adjectif qualificatif)* propriétaire habite Tahiti.
J'ai invité à dîner un *(nom commun)* très riche.
Il t'a vue *(préposition)* la *(nom commun)*.
(article défini) beauté ne suffit pas.
La jeune fille *(verbe)*.
Elle l'imaginait *(adjectif qualificatif)*, beau, plein d'esprit *(conjonction)* de gentillesse.

*Tu peux contrôler tes réponses à l'aide de la page 200 de N.A.L.

à faire à la maison

Plus tard

① **Indique la nature des mots en italique :** *(texte page 201, lignes 53 à 59)*

Le *père* de la *pauvre* Hina se trouvait *dans* une situation bien embarrassante, *mais* il faut dire que *ce* prince, si beau *aux* yeux des anguilles, eût effrayé n'importe quelle *jeune* fille, avec *sa* tête de murène, ses *mains* en nageoires *et* son *long* corps qui *ondulait* sans cesse et *luisait* au *soleil*.

② **Classe les mots en gras dans le tableau ci-dessous :**

Mots variables	Mots invariables

LES DÉTERMINANTS

MON CONTRAT — *Identifier les différents déterminants. Savoir les utiliser en fonction du genre et du nombre des noms qu'ils précèdent.*

J'EXPLORE

Le Monstre attaque
Thierry Jonquet
p. 152

① **Qui est le héros de cette histoire ? Combien de fois son nom est-il employé dans cet extrait ?**

② **Lignes 1 à 15**
  [a] Relève les noms de ce texte et classe-les : noms communs, noms propres.
  [b] Relève les déterminants qui accompagnent chaque nom.
  [c] Classe les déterminants trouvés suivant leur nature.
  [d] Établis un autre classement en indiquant les déterminants qui précèdent un nom masculin, un nom féminin, un nom au singulier ou un nom au pluriel.
  [e] Fais le même travail de la ligne 35 à la ligne 42.

③ **Quels sont les indices qui permettent d'indiquer le genre et le nombre d'un nom ?**

CE QUE JE DOIS SAVOIR — LES DÉTERMINANTS

[1] Les **noms communs** sont le plus souvent précédés d'un **déterminant** qui permet d'identifier leur **genre** et leur **nombre**.

[2] On peut préciser la **nature** des différents **déterminants** comme ce qui suit :

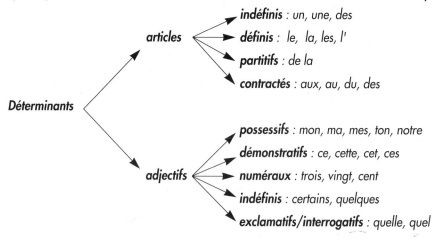

- *articles*
  - *indéfinis* : un, une, des
  - *définis* : le, la, les, l'
  - *partitifs* : de la
  - *contractés* : aux, au, du, des
- *adjectifs*
  - *possessifs* : mon, ma, mes, ton, notre
  - *démonstratifs* : ce, cette, cet, ces
  - *numéraux* : trois, vingt, cent
  - *indéfinis* : certains, quelques
  - *exclamatifs/interrogatifs* : quelle, quel

JE M'ENTRAÎNE

① **Relève les noms de la liste suivante en ajoutant un de ces déterminants : un, une, le, la ou l'.**

applaudir – plaisanter – respect – plaisanterie – solidité – beauté – gentillesse – majestueux – léger – santé – merveille – respecter – délicieux – légèreté – réalité – épais – épaisseur.

Qu'observes-tu pour certains mots de cet exercice ? Explique.

② **Dans les phrases suivantes, remplace les formes incorrectes par les formes correctes qui conviennent :**

Pierre se rend **à le** marché. → ...au
Pierre se rend **à les** champs. → ...aux
Maman revient **de le** marché. → ... du
Paul revient **de la** foire. → ...
L'oncle Jules revient **de les** champs. → ... des

③ **Cherche le pronom, souligne-le et écris une autre phrase en le remplaçant par un nom, exemple :**

La fille **la** mange. → La fille mange **la pomme**.

À toi :
Les enfants la poursuivent. → ...
Le chef de gare le fait partir. → ...
La vieille dame la monte difficilement. → ...
Je les aperçois derrière le mur. → ...
Maman a réussi à le mettre de bonne humeur. → ...

④ **Rendez-vous à la page 100 de Nature à Lire :** *(lignes 1 à 8).*
- Relève tous les déterminants et classe-les suivant leur nature.

JE M'ÉVALUE

Tout de suite

① **Complète par un déterminant :**

… girouette est rouillée.

… sœur aime … noisettes, mais moi, je préfère … amandes.

Il a acheté … chaussures.

J'ai obtenu … bons résultats.

Viens-tu avec moi … marché ?

Je t'invite à … anniversaire. Il y aura tous … enfants de … classe.

Plus tard

① **Complète par un déterminant lorsque c'est possible :**

Je pars … vacances … mois d'août, soit en … voiture, soit en … train, mais pas en … avion. Je préfère prendre … vacances en … été plutôt qu'en … automne. Je mange toujours avec … plaisir, souvent avec … appétit d'ogre. J'irai donc en … France, car … France est renommée pour … gastronomie.

② **Classe les déterminants ci-dessous par famille que tu nommeras :**

le – mon – ce – tous – certains – l' – trois – notre – leur – ces – quel – un – votre – plusieurs – cet – sa – des – les – vingt – quelles.

L'Adjectif Qualificatif

MON CONTRAT *Identifier l'adjectif qualificatif et connaître son rôle dans le groupe nominal et dans la phrase.*

J'EXPLORE

La sorcière de la rue Mouffetard
Pierre Gripari
p. 130

① **À quoi rêve la sorcière de la rue Mouffetard ? Sur quoi « tombe-t-elle » par hasard et qui peut lui changer la vie ?**

② **Lignes 1 à 17**
  [a] Comment est la sorcière ? Décris-la en te servant du texte.
  [b] Les adjectifs employés pour qualifier la sorcière ont chacun leur contraire dans le texte. Relève ces contraires.
  [c] Un adjectif qualifiant la sorcière a deux contraires dans le texte. Relève cet adjectif qualificatif et note ses deux contraires.
  [d] Recherche tous les adjectifs qualificatifs du texte. Classe-les dans le tableau suivant et complète les cases qui seront vides. Exemple :

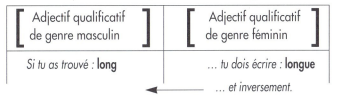

③ **Y a-t-il un ou plusieurs exemples (dans le texte) pour le(s)quel(s) l'adjectif ne qualifie pas un nom ? Si oui, cite-le(s).**

CE QUE JE DOIS SAVOIR — L'Adjectif Qualificatif

[1] L'**adjectif qualificatif** permet de donner à un objet, une personne, un animal une caractéristique particulière (leur dimension, leur couleur, leur beauté…).

[2] Lorsque l'**adjectif qualificatif** qualifie directement un nom, il occupe la fonction d'**épithète** (il peut être placé avant ou après le nom).

*Il y avait une fois une **vieille** sorcière.*

[3] Lorsque l'**adjectif qualificatif** est précédé d'un verbe comme **être**, **paraître**, **sembler**, **devenir**, **demeurer**, **rester**… (on appelle ces verbes des **verbes d'état**), il fait alors partie du groupe verbal et occupe la fonction d'**attribut du sujet**.

*Vous qui êtes **vieille** et **laide**.*

Rappel : Qu'il occupe la fonction d'épithète ou d'attribut, l'adjectif qualificatif s'accorde **en genre et en nombre** avec le nom qu'il qualifie.

*Le jeune chien est **gentil**.*
*Les jeunes chiennes sont **gentilles**.*

Épithète du nom (qui peut avoir ttes les fonctions du N) / Attribut du sujet

JE M'ENTRAÎNE

① **Souligne les adjectifs qualificatifs. Précise sous chacun s'il est épithète du nom ou attribut du sujet.**

Dans cette vieille maison délabrée, les murs semblaient fragiles. Le plancher était solide. Le plafond de la petite chambre était noir de fumée. L'immense cheminée de granit tenait encore debout et on sentait l'odeur âcre et nauséabonde de la cendre pourrie qui n'avait pas été nettoyée depuis de longs mois.

② **Accorde les adjectifs qualificatifs :**
J'ai lu des livres (**passionnant**). → *J'ai + passionnantes*
Que tu as de (**grand**) oreilles ! → *grandes oreilles*
Maman, j'ai l'impression que tu es (**fatigué**). → *fatiguée*
Il a la peau (**jaune**) et les cheveux (**noir**). → *jaune ; les cheveux noirs* (masc.)
J'ai rencontré de (**curieux**) personnages. → *curieux personnages.*

③ **Rendez-vous à la page 130 de Nature à Lire.**

• Relève les adjectifs qualificatifs épithètes (lignes 32 à 43).

• Donne le contraire de l'adjectif qualificatif de la phrase de la ligne 32. Si tu changes le sens de cet adjectif, dois-tu changer le sens de toute la phrase ? Si oui, réécris cette phrase.

④ **Rendez-vous à la page 26 de Nature à Lire :** *(lignes 149 à 166)*.

• Relève deux noms qualifiés par un adjectif placé avant eux.

• Relève deux noms qualifiés par un adjectif placé après eux.

JE M'ÉVALUE

Tout de suite

① **Réécris chaque groupe nominal avec les déterminants proposés. Fais tous les accords nécessaires.**

Un jeune homme pressé.
Des …
Une …

Une vieille voiture rouge.
Des …
Un …

Le grand cerf est inquiet.
La …
Les …

Les élèves sont appliquées et sérieuses.
Cette …
L'…

Plus tard

① **Souligne les adjectifs qualificatifs :**

Les maisons démolies seront remplacées par des espaces verts. Les murs peints en blanc renvoient la chaleur. Je jette les roses flétries. Les prunes très mûres tombent de l'arbre. Je peins un tableau pour la fête des Mères. Les poules endormies n'entendent pas le renard qui se glisse dans le poulailler. Laissez cette porte ouverte !

② **Réécris chaque phrase du ① en changeant le nombre du nom (ou du groupe nominal).**

Exemple : Les maisons démolies → la maison démolie.

Fais tous les accords nécessaires.

③ **Rédige quatre phrases contenant chacune un adjectif épithète du nom et un adjectif attribut du sujet.**

Exemple : Cette vieille ville est superbe.

LES TYPES DE PHRASES

MON CONTRAT *Reconnaître les différents types de phrases. Savoir les construire et les utiliser.*

J'EXPLORE

Le petit malade
Courteline
p. 176 et 177

① **Lis le texte en entier. Combien y a-t-il de personnages ? La plupart du temps, qui pose les questions et qui y répond ?**

② **Tout le texte**
[a] Combien le médecin pose-t-il de questions ?
[b] Relève différentes sortes de phrases de type interrogatif (dont une avec inversion du sujet et une introduite par « qu'est-ce que »).
[c] Relève 3 phrases qui exposent un fait ou une idée. (Ce sont des phrases de type déclaratif.)
[d] Relève des phrases de type impératif. (Ces phrases donnent un ordre ou un conseil.)
[e] Y a-t-il des phrases exclamatives ? Si oui, note-les.

③ **Classe ces phrases suivant qu'elles sont de forme affirmative ou de forme négative.**

CE QUE JE DOIS SAVOIR — LES TYPES DE PHRASES

[1] La phrase de **type déclaratif** expose un **fait** ou une **idée**.

Il trottait comme un lapin à travers l'appartement.

[2] La phrase de **type interrogatif** pose une **question** et se termine par un **point d'interrogation (?)**.

Quel âge a-t-il ?
Je puis voir le petit malade ?
Est-ce que tu as bien dormi ?

[3] La phrase de **type impératif** donne un **ordre** ou un **conseil**.

Attendez !
Viens tout de suite.
Partons !

[4] La phrase de **type exclamatif** exprime un **sentiment**, insiste sur ce qui est dit et se termine par un **point d'exclamation (!)**.

On tient sur ses jambes à cet âge-là !

Rappel : Toutes ces phrases peuvent être de forme affirmative ou négative.

JE M'ENTRAÎNE

① **Transforme les phrases déclaratives suivantes en phrases de type interrogatif suivant l'exemple.**

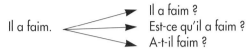

Tu vas te promener. Vous reviendrez bientôt. Maman est au marché. Papa lave la vaisselle. Elles sont allées danser.

② **Reprends les phrases de l'exercice précédent et transforme toutes les phrases de type déclaratif à la forme négative.**

③ **Classe ces phrases dans le tableau ci-dessous :**

Ne pas fumer. Revenez nous voir bientôt ! Tais-toi ! Qu'est-ce que tu manges ? N'aviez-vous pas rendez-vous avec moi ? Je veux être seul. Mange ! Ton train ne partira pas à l'heure. Tournez à droite ! Où voulez-vous aller ?

de type impératif	de type déclaratif	de type interrogatif	de type exclamatif

④ **Rendez-vous à la page 127 de Nature à Lire.**

• Réécris la recette avec des phrases de type déclaratif à la première personne du singulier.

JE M'ÉVALUE

Tout de suite

① **Rendez-vous à la page 206 de Nature à Lire.**

• Relève une phrase de chaque type dans le texte (4 phrases). Indique si elles sont de forme négative ou affirmative.

Plus tard

① **Indique à l'aide de croix dans la(les) colonne(s) qui convient(nent) du tableau le type et la forme des phrases suivantes :**

	Type				Forme	
	déclaratif	interrogatif	impératif	exclamatif	affirmative	négative
Exemple : Mon petit chat n'est pas revenu.	X					X
Ne me parlez pas sur ce ton !						
Nous ferons le tour du monde en 80 jours.						
Approche !						
Veux-tu que je t'aide ?						
N'avez-vous pas rencontré mon petit chat ?						
Je t'interdis d'aller au bal !						
Qu'est-ce qui ne va pas ?						
Quelle soirée épouvantable !						
Il n'a rien voulu savoir !						

② **Reprends les phrases de l'exercice précédent. Transforme-les à la forme négative quand elles sont à la forme affirmative et à la forme affirmative quand elles sont à la forme négative.**

LE SUJET

MON CONTRAT

Reconnaître dans une phrase et savoir utiliser le mot ou le groupe de mots qui occupe la fonction de sujet.

Aurélie, la maman.   *à Félicie*   *oui un petit frère*

J'EXPLORE

① **Qui parle ? Cette lettre est écrite à qui ? Le destinataire de la lettre a-t-il des frères et sœurs ? L'expéditeur est-il marié ?**

Un papillon dans la cité
Gisèle Pineau
p. 206

② **Lignes 138 à 156** *oui*
- [a] À quelle personne est écrite cette lettre ? *la 1ère p s.*
- [b] Y a-t-il d'autres personnes employées ? Relève les phrases dans lesquelles elles se trouvent.
- [c] Vérifie si dans toutes ces phrases les personnes répondent bien à la question « qui est-ce qui ? » ou « qu'est-ce qui ? »
- [d] Relève les phrases dans lesquelles les sujets ne sont pas des pronoms personnels (c'est-à-dire autres que je, tu, il, elle, nous, vous, ils, elles, on).
- [e] Quels sont les sujets dans la phrase : « J'espère que cela te fera plaisir. »

à faire sur le cahier.

③ **Dans la phrase : « Il est temps maintenant de me rejoindre... » Identifie le sujet. Pour qui (ou quoi) est-il mis ?**

CE QUE JE DOIS SAVOIR — LE SUJET

[1] Dans une phrase complète, **le mot ou le groupe de mots** occupant la fonction de **sujet** répond à la question **« qui est-ce qui ? »** ou **« qu'est-ce qui ? »**

J'avançais lentement. — **Sujet →** *Qui est-ce qui avançait lentement ? **J'***
Le mois de juillet** a été pluvieux.* — **Sujet →** *Qu'est-ce qui a été pluvieux ? **Le mois de juillet

[2] **Le sujet** d'un verbe peut être un **nom**, un **groupe nominal**, un **pronom**, un **infinitif** ou une **proposition**.

***Pierre** mange une pomme.* (nom)
***Ma mère** se prénomme Amélie.* (groupe nominal)
***Vous** repartirez ensemble.* (pronom)
***Dessiner** est sa passion.* (infinitif)
***Qui veut voyager loin** ménage sa monture.* (proposition)

Rappel : Le **verbe** s'accorde avec son **sujet**.

Tu manges.   *Il mange.*   *Les enfants mangent.*

24

JE M'ENTRAÎNE

① Relie chaque sujet au verbe qui convient (plusieurs solutions sont possibles) :

Pierre • • chantez faux.
Les musiciens • • reviennent de promenade.
Elle • • travaille bien en classe.
Sculpter • • part en vacances avec sa meilleure amie.
Vous • • est sa plus grande passion.
Ils • • attaquent le premier morceau.
Celui qui a gagné • • a dérapé dans le virage.
La petite voiture rouge • • empochera une forte somme.

② **Rendez-vous à la page 146 de Nature à Lire :** *(lignes 89 à 102)*.

- Relève le sujet de chaque phrase.
- Remplace chaque groupe nominal sujet par le pronom qui convient.

③ **Rendez-vous à la page 190 de Nature à Lire :** *(texte sur Loches)*.

- Relève le sujet de la première phrase. Réécris la phrase en remplaçant ce sujet par un pronom.

- Quel est le sujet de la 2ᵉ phrase ? (jusqu'à « martelet »). Réécris la phrase en remplaçant ce sujet par un groupe nominal.

- Quel est le sujet du verbe « fut enfermé », dans la 2ᵉ partie de la 2ᵉ phrase ?

JE M'ÉVALUE

Tout de suite

① **Rendez-vous à la page 191 de Nature à Lire :** *(texte sur Le Plessis-Bourré).*

- Recopie ce texte de 12 lignes.
- Souligne les verbes.
- Encadre leur sujet.

Plus tard

① **Complète les phrases à l'aide de mots ou groupes de mots occupant la fonction du sujet :**

(infinitif) : ……… est interdit en France dans les lieux publics.

(GN) : ……… sont des petits fruits rouges avec un noyau et une queue.

(pronom) : ……… est allée passer l'été au Canada.

(proposition) : ……… a été conduit à l'hôpital.

② **Dans chaque phrase, souligne le(s) verbe(s) et encadre leur(s) sujet(s) :**

Où vont les enfants, si vite ?

Les enfants courent, sautent, crient et s'amusent comme des fous.

Hier, Pierre, Jacques et leur petite sœur sont allés pêcher au lac.

Lire est un plaisir.

LE COMPLÉMENT D'OBJET DIRECT
est un c. essentiel

MON CONTRAT — *Identifier le complément d'objet direct du verbe, connaître sa fonction dans la phrase et savoir l'utiliser.*

J'EXPLORE

Le grand départ
Yves-Marie Clément
p. 10

① **Peux-tu dire qui est le héros de cette histoire ? Décris-le. Dans quel lieu se déroule cette scène ? dans quelle ville ? Quel peut être le métier du héros ?**

② **Lignes 1 à 19**
   [a] Ti'Louis mâchonne quoi ?
   [b] En t'aidant du texte, réponds aux questions : « De temps à autre, il relève (quoi ?), saisit (quoi ?) et avale (quoi ?) » (en répondant à ces questions, tu as identifié le **complément d'objet direct du verbe).**
   [c] Y a-t-il d'autres verbes qui permettent de poser directement la question « quoi ? » Relève-les.
   [d] Y a-t-il des verbes après lesquels on ne peut pas poser les questions « quoi ? » ou « qui ? » Relève ces verbes et indique quelle(s) question(s) on peut poser.
   [e] Dans la phrase : « Sur les grandes vitres du bistrot […] où se multiplient les phares des voitures. » Encadre les verbes et souligne les mots ou groupes de mots qui ne répondent pas aux questions « quoi ? » ou « qui ? ».

③ **Les mots ou groupes de mots qui répondent aux questions « quoi ? » ou « qui ? » peuvent-ils être supprimés ? Pourquoi ?**

Même exercice pour les mots ou groupes de mots ne répondant pas aux questions « quoi ? » ou « qui ? ».

CE QUE JE DOIS SAVOIR — LE COMPLÉMENT D'OBJET DIRECT

[1] **Le mot ou le groupe de mots** qui est placé **après le verbe** et qui répond aux questions **« qui ? »** ou **« quoi ? »** occupe la fonction de **complément d'objet direct du verbe** (COD).

*La jetée nord brise **les lames**.   La jetée nord brise **les lames** (COD).*

[2] Le **complément d'objet direct** ne peut être ni déplacé, ni supprimé sans changer le sens de la phrase. C'est un **complément essentiel**.

[3] Le **complément d'objet direct** peut être un **nom**, un **groupe nominal**, un **infinitif**, une **proposition** ou un **pronom** (dans ce cas, il est alors placé **avant** le verbe).

*P'tit Louis mâchonne **une cigarette**. (nom commun)*
*Les bateaux viennent **taper** contre les pontons. (infinitif)*
*J'ai pensé **que j'allais prendre une raclée**. (proposition)*
*Ma grand-mère a eu une sorte de pressentiment. Je ne **l'**ai pas écoutée. (pronom, mis pour **grand-mère**)*

Rappel : Ne pas confondre : • le, la, les, l', déterminants placés devant un nom.
*Je mange **les** pommes.*

• le, la, les, l', pronoms COD placés devant un verbe.
*Je **les** mange.*

JE M'ENTRAÎNE

① **Souligne les COD des phrases suivantes, et barre tous les groupes non essentiels, sans changer le sens des phrases :**

Autour de l'arbre de Noël, les enfants radieux ouvraient leurs cadeaux.
Il prononça un discours après un long moment de silence.   COD
Tout le village attendait que la course démarre.
Le chemin était long jusqu'à la ferme. Il le prit avec courage.

② **PRONOMINALISATION : Transforme les phrases suivantes en remplaçant le COD par un pronom (attention à l'accord lorsque le verbe est employé à un temps composé !). Exemples :**

J'achète des fleurs. → Je **les** achète.

J'ai acheté des fleurs. → Je **les** ai achet**ées**.

À toi :
Je construis une cabane. → ... *je la construis*
Les petites filles décorent le sapin. → ... *elle le décorent*
Avant, tu adorais la glace à la vanille ! → ... *tu l'adorais*
Le Petit Poucet a perdu ses frères. → ... *il les a perdus*
Je n'ai pas entendu la sonnerie du réveil. → ...
Elle a égaré les clés de sa maison. → ...

③ **Rendez-vous à la page 50 de Nature à Lire :** *(texte « Alerte à l'ours »)*.

• Relève tous les compléments d'objet direct (lignes 1 à 23). Classe-les, quand c'est possible, dans le tableau suivant :

	Sujet	Verbe	COD
Phrase 1			
Phrase 2			
...			

JE M'ÉVALUE

Tout de suite

① **Souligne les COD dans le texte suivant :**

Après avoir scié les poutres, les charpentiers les rabotent avec soin. Dès que nous aurons le temps, nous poserons les étagères. Avec prudence, je suis monté à l'échelle et j'ai repeint le plafond. L'an dernier, mon oncle a acheté une ferme et ensuite, il l'a restaurée pendant six mois.

② **Barre les compléments qui ne sont pas essentiels (texte ci-dessus).**

Plus tard

① **Dans ces phrases, cherche le pronom COD et remplace-le par un nom ou un groupe nominal. Exemple :**

Je **les** ai gagn**ées** → J'ai gagné **ces billes**.

À toi :
Nous les avons découverts. → …
Tu la chantes bien. → …
Il le lui a donné. → …
Chouette ! Papa l'achète. → …
Est-ce que tu la connais ? → …
Je ne l'avais pas reconnue. → …

② **Écris cinq phrases en utilisant des compléments d'objet direct. Transforme-les en remplaçant tous les COD par des pronoms.**

LE COMPLÉMENT D'OBJET INDIRECT

MON CONTRAT *Identifier le complément d'objet indirect de verbe, connaître sa fonction dans la phrase et savoir l'utiliser.*

J'EXPLORE

La jeunesse de Gaspard
André Dhôtel
p. 108

① **Quelle était la profession des parents de Gaspard ? Où avaient-ils habité ? Quelle fonction avait occupée un aïeul de Gaspard ?**

② **Lignes 29 à 69**
  [a] Les fenêtres de l'auberge du « Grand Cerf » s'ornaient de quoi ?
  [b] En t'aidant du texte, réponds aux questions : « Ils vendaient des cravates et personne n'aurait songé (à quoi ?) si Mme Fontarelle ne s'était avisée, par surcroît (de quoi ?) » (en répondant à ces questions tu as identifié **le complément d'objet indirect de verbe**).
  [c] Y a-t-il d'autres verbes qui permettent de poser les questions « à quoi ? » ou « à qui ? », « de quoi ? » ou « de qui ? » Relève ces verbes et indique quelle(s) question(s) on peut poser.
  [d] Encadre les verbes et souligne les mots ou groupes de mots qui ne répondent pas aux questions « à quoi ? », « à qui ? », « de quoi ? » ou « de qui ? ».

③ **Les mots ou groupes de mots répondant à ces questions peuvent-ils être supprimés ? déplacés ? Pourquoi ?**

à étudier

CE QUE JE DOIS SAVOIR

LE COMPLÉMENT D'OBJET INDIRECT

[1] **Le mot ou groupe de mots** qui est généralement placé **après le verbe**, relié à lui par une **préposition** (à, de...) ou par un **article défini contracté** (au, du, des...) et répondant aux questions « à qui ? », « à quoi ? », « de qui ? », « de quoi ? » occupe la fonction de **complément d'objet indirect** de verbe (COI).

> *Pierre parle de **ses vacances**. Pierre parle (de quoi ?) de **ses vacances** (COI).*

[2] Le **complément d'objet indirect** ne peut être ni supprimé, ni déplacé. C'est un **complément essentiel.**

[3] Le **complément d'objet indirect** peut être un **nom**, un **groupe nominal**, un **infinitif**, une **proposition**, un **pronom personnel** (lui, leur, en, y...).

> *La tante hésitait à le **lancer** dans le monde. (infinitif)*
> *Je pense **aux enfants**. (nom)*
> *Il s'intéresse à **votre merveilleuse aventure**. (groupe nominal)*
> *Je pense à **ce que vous avez fait pour moi**. (proposition)*
> *Nous avons besoin d'**elle**. (pronom)*

[4] Le **complément d'objet indirect** s'appelle **complément d'objet second** quand apparaît aussi dans la phrase un **complément d'objet direct**.

> *Gabrielle Berlicaut arracha (qui ?) **Gaspard** (COD) (à quoi ?) **aux bras de sa mère** (COS).*

mot
↝ crochet

JE M'ENTRAÎNE

① **Souligne les COI et indique leur nature (nom, groupe nominal, infinitif, proposition, pronom personnel) :**

Cette petite voiture appartient à Antoine. Hier soir, nous avons parlé de lui. Pour une fois, le chat a obéi à son maître. Elle se moque bien de toi. Tu m'as fait peur. La voiture s'est mise à dévaler la pente. Le chef d'orchestre a donné le signal de chanter. Il nous ont écrit une gentille carte.

② **PRONOMINALISATION : Transforme les phrases en remplaçant le COI par un pronom personnel. Exemple :**

Christophe pense à **Katia**. → Christophe pense à **elle**.

À toi :
L'oncle Jules parle de ses exploits. → … il en parle
Ils se mettent au travail. → … ils s'y mettent
Je parle de mes vacances à Serge. → … Je lui en parle.
Je me souviens de ce film. → …
Cet homme distribue ses richesses. → … COD — le,
Il rit de ses bêtises. → … Il en rit

③ **Rendez-vous à la page 200 de Nature à Lire :** (texte « La naissance du cocotier », lignes 1 à 21).

• Relève tous les COI et classe-les dans le tableau suivant :

	Sujet	Verbe	COI
Phrase 1			
Phrase 2			
…			

JE M'ÉVALUE

Tout de suite

① **Souligne les COI dans le texte suivant :**

Je n'ai jamais raconté cette histoire à mes parents. Ils n'y auraient pas cru. Il m'arrive toujours des aventures surprenantes. Cela vient de moi. Je dois attirer les problèmes. Ce matin, Pierre n'a pas voulu de mon livre. Il m'a dit qu'il l'avait déjà lu pendant les grandes vacances. Je lui en offrirai un autre à son anniversaire.

② **Barre les compléments qui ne sont pas essentiels (texte ci-dessus).**

Plus tard

① **Dans ces phrases, cherche le pronom COI et remplace-le par un nom ou un groupe nominal. Exemple :**

Il **en** parle souvent. → Il parle souvent **de son métier**.

À toi :

Chaque enfant lui écrit une lettre au mois de décembre. → …
Le soir, après dîner, nous y jouions dans notre chambre. → …
Les soldats doivent lui obéir sans discuter. → …
Depuis son retour du cinéma, Paul nous en parle sans arrêt. → …
Il le leur a raconté ! → …

② **Écris cinq phrases en utilisant des COI. Transforme-les en remplaçant les COI par des pronoms personnels.**

L'ATTRIBUT DU SUJET

MON CONTRAT *Identifier l'attribut du sujet. Comprendre son rôle dans la phrase. Savoir l'utiliser.*

J'EXPLORE

Le journal d'Adèle
Paule du Bouchet
p. 170

① À quelle date Adèle commence-t-elle son journal ? Que se passe-t-il le 1er août 1914 ?

② **Lignes 1 à 50**
   [a] Relève les phrases 3, 10, 12, 20 et 30. Encadre quels sont les groupes verbaux et souligne les sujets.
   [b] À quels mots se rapportent : inquiet (phrase 3), petit, capricieux (phrase 10), seule (phrase 12), folles (phrase 20), bizarre (phrase 30) ? Peux-tu les supprimer ?
   [c] Que peux-tu dire des verbes ou groupes verbaux employés dans ces phrases ?
   [d] Cherche dans le texte d'autres phrases dans lesquelles ces verbes (verbes d'état) sont employés ? Compare-les avec les phrases 3, 10, 12, 20 et 30. Que peux-tu dire ?
   [e] Quelle est la nature des mots cités dans le [b] ?

③ **À ton avis quelle est la fonction des mots cités dans le [b] ? Épithètes ? si oui, explique. Sinon, cherche une autre solution.**

Ce que je dois savoir — L'Attribut du Sujet

[1] Les mots ou groupes de mots qui permettent d'**attribuer** au **sujet d'un verbe d'état** une **qualité** ou de le **définir** occupent la fonction d'**attribut du sujet**. Cette fonction peut être occupée par un adjectif qualificatif, un nom, un groupe nominal.

Eugène	*est*	***son frère.***
sujet	verbe d'état	attribut du sujet (définit le sujet)
Il	*paraît*	***inquiet.***
sujet	verbe d'état	attribut du sujet (attribue une qualité au sujet)

[2] L'adjectif qualificatif occupant la fonction d'attribut du sujet s'accorde en genre et en nombre avec le sujet.

*Ce **fruit** semble **mûr.***
*Ces **fruits** semblent **mûrs.***
*Cette **pêche** semble **mûre.***
*Ces **pêches** semblent **mûres.***

✱ Rappel : verbes d'état : être, paraître, sembler, devenir, demeurer, rester, avoir l'air de, passer pour…

JE M'ENTRAÎNE

① **Dans le texte suivant, souligne les attributs du sujet :**

Le soleil se leva tard ce jour-là. Émilie se réveilla avec peine. Elle était <u>seule</u> à la maison. Ses parents étaient partis de bonne heure. Elle aperçut son chat. Il lui parut <u>bizarre</u>. Il avait l'air complètement <u>ahuri</u>. Que se passait-il donc ? Elle resta un moment <u>debout</u>, intriguée. Puis elle se décida à regarder par la fenêtre. Le temps gris la fit grimacer. Soudain, elle demeura comme <u>pétrifiée</u> et devint <u>rouge</u> de colère…

② **Construis des phrases avec les verbes suivants :**

venir – devenir – sembler – ressembler – paraître – apparaître.

Dans quelles phrases as-tu employé des attributs du sujet ? avec quels verbes ?

③ **Accorde les adjectifs qualificatifs attributs suivant l'exemple :**

Jadis, les rois étaient puissants. → Jadis, les reines étaient puissantes.

À toi :
Les reines étaient grandes et belles. → Les rois étaient *grands et beaux*
Ses voyages deviennent fréquents. → Ses promenades deviennent *fréquentes*
Les serviteurs semblent aimables. → Les servantes semblent *aimables*
Votre chien paraît excité. → Votre chienne *paraît excitée*
La grêle est forte et violente. → Le vent *est fort et violent*

④ **Rendez-vous à la page 135 de Nature à Lire :** (lignes 182 à 218).
• Dans ce texte, est-ce que tu repères des attributs du sujet ? Si oui, relève les phrases correspondantes. Souligne les attributs. Enfin, réécris les phrases en remplaçant le verbe employé par un autre verbe d'état.

JE M'ÉVALUE

Tout de suite

① **Souligne les attributs du sujet :**

Tu serais gentille de faire moins de bruit. La maîtresse est contente de vous. Elle semble peu satisfaite de Pierre. Elle demeure certaine qu'il peut mieux faire. Paul paraît décidé à travailler. Il est enfin sérieux. Mais ses résultats du trimestre sont mauvais. Il faut l'aider davantage. N'est-elle pas merveilleuse, cette maîtresse ?

② **Utilise les mots suivants dans des phrases (un mot par phrase – fonction : attribut du sujet) :**

affolé – long – petites – lourds – jaune.

Plus tard

① **Complète les phrases avec des mots ou groupes de mots attributs du sujet :**

Les enfants ne sont pas …
Change-toi, si tu veux avoir l'air d' …
Ce matin, le temps paraît …
Rien à faire, la voiture semble …
Un long moment, elle demeura …

② **Utilise les mots suivants dans des phrases :**

— (un mot par phrase - fonction : attribut du sujet)
utile – lointains – curieux – sourde et muette.

— (un mot par phrase - fonction : épithète)
grandes – merveilleuse – noir – hargneux.

LES COMPLÉMENTS CIRCONSTANCIELS

MON CONTRAT *Comprendre le rôle des compléments circonstanciels. Les reconnaître et savoir les utiliser dans un texte.*

J'EXPLORE

La fille des géants
F. Raschmuhl
p. 104

① **Quand se déroule l'histoire ? Que découvre la petite géante au cours du chemin ?**

② **Lignes 1 à 30**
  [a] Comment vivaient les géants ?
   – Dans quel endroit s'ennuyait la petite géante ?
   – Où se faufila-t-elle ?
   – Où avait-elle décidé d'aller ?
  [b] Réécris les phrases correspondant aux questions du [a] en supprimant les mots ou groupes de mots qui t'ont servi à répondre.
  [c] Réécris de nouveau les phrases en changeant de place ces mots ou groupes de mots (supprimés dans le [b]).
  [d] Est-ce que le sens des phrases en est changé ?
  [e] À ton avis, ces compléments sont-ils essentiels ? Pourquoi ?

③ **Ces compléments renseignent sur les circonstances dans lesquelles l'action a eu lieu (ou a lieu). Comment pourrait-on les appeler ?**

CE QUE JE DOIS SAVOIR

LES COMPLÉMENTS CIRCONSTANCIELS

[1] Les mots ou groupes de mots qui nous renseignent sur les **circonstances** dans lesquelles a lieu (ou a eu lieu) l'action sont appelés **compléments circonstanciels**. Ils permettent de donner des informations sur **l'endroit (le lieu), le moment, la durée (le temps)** ou sur **la manière** dont une action est effectuée.

[2] **Ces compléments ne sont pas indispensables** à la construction d'une phrase. Ils peuvent être **déplacés** ou **supprimés** sans en changer le sens.

[3] La fonction de **complément circonstanciel** peut être occupée par des **adverbes** (vite, doucement...), des **groupes nominaux prépositionnels** (introduits par une préposition avec, dans....), des **propositions**.

Ce matin, la géante s'amusa. (C.C. de temps) Quand ?
  GN

Elle soulève l'enfant **lentement**. (C.C. de manière) Comment ?
                     adverbe

Il leva les yeux **vers le ciel**. (C.C. de lieu) Où ?
          GN prépositionnel

JE M'ENTRAÎNE

① **Relis le texte des pages 104 à 107 et relève tous les compléments circonstanciels en indiquant leur nature.**

② **Tu as été témoin d'un accident. Un journaliste t'interroge. Réponds à ses questions par des phrases complètes :**

Où vous trouviez-vous lors du cambriolage ?
Comment était la voiture qui a pris la fuite ? Décrivez-la.
Combien de temps s'est-il écoulé avant l'arrivée de la police ?
Où allait le piéton qui a été renversé ? vers quelle direction ?

③ **Rédige deux phrases contenant chacune un complément circonstanciel de temps, un complément circonstanciel de lieu et un complément circonstanciel de manière. Réécris chaque phrase en changeant de place les compléments circonstanciels.**

④ **Rédige des phrases en utilisant les compléments circonstanciels suivants. Indique leur nature.**

Peu après – comme si de rien n'était – vite – soudain – À Paris.

⑤ **Rendez-vous aux pages 165-166 de Nature à Lire :** *(lignes 53 à 100).*

• Relève tous les compléments circonstanciels et classe-les suivant leur nature. Peut-on pronominaliser le complément circonstanciel ? Si oui, fais-le. Sinon, explique pourquoi.

JE M'ÉVALUE

Tout de suite

① **Classe les compléments circonstanciels dans le tableau suivant :**

avec plaisir – il y a très longtemps – à l'extérieur – à l'heure du repas – dans la fusée – sans difficulté – dehors – à minuit – avec naturel – à la montagne.

C.C. de temps	C.C. de lieu	C.C. de manière

② **Rédige une phrase comprenant chacun de ces compléments circonstanciels.**

Plus tard

① **Complète ces phrases avec un complément circonstanciel dont la nature est précisée entre parenthèses :**

…… (lieu), elle est arrivée sur la pointe des pieds. La police est arrivée …… (temps). L'avion a décollé …… (manière). Des vibrations se firent sentir, (temps). Inquiets, les passagers regardèrent …… (lieu), …… (manière).

② **Rendez-vous à la page 154 de Nature à Lire :** *(lignes 81 à 104).*

• Relève les différents compléments circonstanciels en les classant suivant leur nature :

C.C. de temps	C.C. de lieu	C.C. de manière

LES ADVERBES

MON CONTRAT — *Identifier ce qu'est un adverbe. Savoir former les adverbes et les utiliser dans les phrases.*

J'EXPLORE

La naissance du sapin
Bernard Clavel
p. 100 à 102

① **À qui attribue-t-on la naissance du sapin, dans les Vosges ? De quoi se plaignent les diablotins ? Que va faire le diable pour les contenter ?**

② **Lignes 1 à 47**
[a] À quand remonte l'aventure racontée ici ? Relève les mots exacts contenus dans le texte.

Lignes 18 à 23
[b] Recopie la phrase et souligne les compléments circonstanciels que tu identifieras. Donne leur nature.
[c] Ces mots ou groupes de mots que tu as découverts sont-ils variables ou invariables ? Explique.

Lignes 24 à 47
[d] Relève les compléments circonstanciels formés de mots ou groupes de mots invariables.
[e] Certains de ces mots sont composés à partir d'adjectifs qualificatifs. Retrouve les adjectifs qui ont servi à les former.

③ **À ton avis, quelle est la nature de ces mots ou groupes de mots ?
Et peuvent-ils occuper une autre fonction que celle de complément circonstanciel ?**

CE QUE JE DOIS SAVOIR — LES ADVERBES

à revoir

[1] L'**adverbe** est un mot **invariable** qui **modifie** ou **complète** le sens d'un **verbe**, d'un **adjectif** ou d'un autre **adverbe**. Il est employé comme complément circonstanciel.

> *L'eau se retirait **lentement**.* (complète le sens du verbe)
>   verbe
>
> *C'est une aventure qui remonte **fort** loin.* (complète le sens d'un adverbe)
>   adverbe
>
> *Il s'en alla, **très** fier de son œuvre.* (complète le sens d'un adjectif)
>   adjectif

[2] De nombreux adverbes sont formés sur des adjectifs à l'aide du suffixe **-ment** :

> lent → lente**ment**   vif, vive → vive**ment**

[3] Avec les adjectifs terminés par **-ant**, ce suffixe devient **-amment** :

> élégant → élég**amment**   suffisant → suffis**amment**

Avec les adjectifs terminés par **-ent**, ce suffixe devient **-emment** :

> violent → viol**emment**   prudent → prud**emment**

[4] « Tout à coup », « très peu », etc... sont des ***locutions adverbiales***.

JE M'ENTRAÎNE

① Dans les phrases suivantes, souligne les adverbes et relie-les par une flèche aux mots qu'ils modifient :

Vous tombez bien.
« C'est très grave », dit le médecin sérieusement.
Tu es beaucoup trop bavarde pour que je te le raconte.
Elle portait tout simplement une petite jupe rose.
Nous étions très inquiets de ton retard.
Tu es suffisamment grand pour ne pas réagir aussi violemment.

② Classe les adverbes suivants dans le tableau :

trop – plus – certainement – beaucoup – non – jamais – nullement – guère – toujours – certes – si – oui – peu.

Affirmation	Négation	[Intensité et/ou quantité]

Et ceux-ci dans cet autre tableau :

jadis – aujourd'hui – là – volontiers – dernièrement – partout – gracieusement - exprès – dessus – souvent – ailleurs.

Manière	Temps	Lieu

③ Remplace les groupes en italique par un adverbe :

Elle aime qu'on lui parle *avec douceur*. Papa prend toujours la même route, *sans varier*. L'échange a débuté *dans le calme*, mais s'est terminé *dans un grand bruit*. Le jeune garçon jongle *avec adresse*.

Point le 19/01

JE M'ÉVALUE

Tout de suite

① **Emploie les adverbes ou locutions adverbiales suivants dans des phrases. (Tu peux en utiliser plusieurs par phrase) :**

longuement – attentivement – volontiers – beaucoup – très peu – goulûment – tout à coup – guère – ici.

② **Forme les adverbes correspondant aux adjectifs suivants :**

méchant → … évident → … apparent → …
courant → … ferme → … doux → …

Plus tard

① **Complète les phrases suivantes par « plutôt » (qui signifie : de préférence) ou « plus tôt » (contraire de « plus tard ») :**

Tu es ………… d'accord avec moi là-dessus.
Venez ………… si vous voulez que nous allions au cinéma.
Je suis certain que ton ami viendra te chercher ………… en moto qu'en voiture.
Tu aurais ………… intérêt à faire tes devoirs ………… .
………… que de vous le cacher, elle aurait dû nous le dire ………… .

② **Complète les phrases suivantes avec un adverbe selon l'indication donnée entre parenthèses :**

(temps), il a neigé. Chloé *(négation)* est partie au ski cet hiver. Le chat lape *(manière)* son lait. Il est habillé *(manière)*. Tu vas *(affirmation)* le rencontrer. Nous aimerions vous voir *(temps)*. Il l'aime *(quantité)*.

LES PROPOSITIONS INDÉPENDANTES, PRINCIPALES, SUBORDONNÉES

MON CONTRAT

Savoir reconnaître les propositions indépendantes, principales et subordonnées. Savoir les utiliser dans un projet d'écriture.

J'EXPLORE

① À quel âge Gaspard entre-t-il à l'école ? Résume l'histoire de la camionnette. Où a-t-elle terminé sa course ?

La jeunesse de Gaspard
André Dhôtel
p. 108

② **Lignes 142 à 238**

[a] Relève les phrases les plus simples. Celles qui ne comprennent qu'un seul verbe conjugué. Peut-on faire deux phrases avec chacune d'elles. Qu'en conclus-tu ?

[b] Relève cinq phrases comprenant deux verbes conjugués. Peut-on faire deux phrases avec chacune d'elles ? Si oui, rédige-les.

[c] Dans les cinq phrases relevées au [b], indique quelles sont les propositions principales. Est-ce que certaines propositions principales peuvent se suffire à elles-mêmes ? Si oui, lesquelles ?

[d] Indique quelles sont les propositions subordonnées à ces propositions principales. Peuvent-elles se suffire à elles-mêmes ? Explique.

[e] Trouve une phrase comportant trois verbes conjugués.

③ **Comment pourrait-on appeler la proposition des phrases simples (un seul verbe conjugué) ? Est-elle principale ? subordonnée ? autre ?
Donne ton avis.**

CE QUE JE DOIS SAVOIR

LES PROPOSITIONS INDÉPENDANTES, PRINCIPALES, SUBORDONNÉES

[1] Une **phrase simple,** comportant un **seul verbe conjugué,** est généralement appelée **proposition indépendante**. La proposition indépendante ne dépend d'aucune autre proposition, et aucune autre proposition ne dépend d'elle. **Elle se suffit à elle-même.**

Gaspart Fontarelle naquit à l'hôtel du « Grand Cerf ».

[2] Une phrase comportant **deux ou plusieurs verbes conjugués** comprend généralement **deux ou plusieurs propositions :**
- **la proposition principale** qui indique l'essentiel de l'action. Elle peut se suffire à elle-même ;
- **la (les) proposition(s) subordonnée(s)** qui complète(nt) la principale.

<u>La bête se sauva par la fenêtre,</u> *tandis que Gabrielle Berlicaut apportait des linges.*
   Proposition principale   *Proposition subordonnée*

[3] Parfois la proposition subordonnée est enchâssée dans la principale.

<u>Le dossier *que cherchait son père* avait disparu.</u>
     Proposition subordonnée
Proposition principale (qui peut ici se suffire à elle-même)

JE M'ENTRAÎNE

① **Dans le texte suivant, souligne les propositions indépendantes :**

Les Parisiens sont des gens pressés. Ils se bousculent toujours dans le métro. Ils le prennent même quand il est bondé. Alors que très souvent, les bus offrent de nombreuses places inoccupées. Malgré tout, le métro reste le meilleur moyen pour aller, le plus vite possible, d'un lieu de Paris à un autre. Ces problèmes-là n'existent pas seulement à Paris. Dans toutes les grandes villes du monde, on assiste quotidiennement au même spectacle. Mais si la foule afflue dans les métros, on n'en a pas pour autant résolu les embouteillages en surface.

② **Reprends le texte ci-dessus. Souligne les propositions principales et encadre leur(s) subordonnée(s).**

③ **Complète les propositions principales suivantes par une proposition subordonnée :**

Tu arrêtes toujours de travailler dès que ....
Le lac, qui .... , n'est pas très profond.
Je montais dans le train quand ....
Nous irions volontiers dans votre maison de campagne si ....
Pierre est ravi, parce que ....

④ **Rendez-vous à la page 152 de Nature à Lire :** *(lignes 1 à 23).*

- Relève les propositions indépendantes.
- Relève les propositions principales et indique leurs subordonnées.

JE M'ÉVALUE

Tout de suite

① **Transforme chacune de ces phrases complexes en plusieurs propositions indépendantes :**

Le pompier se jeta dans le brasier, traversa le rideau de flammes et s'empara du bébé qui dormait encore dans son berceau.

Depuis deux mois, Paul révise tous les soirs le contenu de ses cours en espérant qu'il sera enfin reçu à son bac cette année.

La police de la route surveille les autoroutes pour que les automobilistes soient en sécurité.

② **Rendez-vous à la page 86 de Nature à Lire :** (lignes 20 à 35).

- Relève les propositions indépendantes.
- Relève les propositions principales et indique leurs subordonnées. Que constates-tu ?

Plus tard

① **Complète les propositions principales suivantes par une proposition subordonnée :**

Il arrive toujours dès que ……… .
Quand ……… , je m'en irai.
La jeune femme que ……… était ma sœur.
Si ……… , je t'offrirais ce voyage.
Oui, je refuse, parce que ……… .

② **Rédige un petit texte comprenant :**

trois propositions indépendantes, deux propositions principales avec une proposition subordonnée chacune et une proposition principale avec deux propositions subordonnées.

LES PROPOSITIONS JUXTAPOSÉES, COORDONNÉES

MON CONTRAT — *Identifier des propositions juxtaposées et des propositions coordonnées. Savoir les utiliser dans un projet d'écriture.*

J'EXPLORE

L'attaque de l'ours
Alain Surget
p. 50

① **À quel moment de la journée débute l'histoire ? Quelle nouvelle grave apprend Thomas ? Que vont faire les hommes du village ?**

② **Lignes 1 à 44**
  [a] Relève les propositions indépendantes.
  [b] Relève les phrases qui comptent deux ou plusieurs verbes conjugués.
  [c] Souligne les mots ou les signes de ponctuation qui séparent ou relient les différentes propositions de ces phrases (relevées en [b]). Que constates-tu ?
  [d] Observe les phrases que tu as relevées et dont les propositions sont séparées par des signes de ponctuation. Peut-on remplacer les signes de ponctuation par des mots ? Si oui, lesquels ? Exerce-toi.
  [e] Même exercice avec les phrases dont les propositions sont reliées par des mots : peut-on supprimer ces mots et les remplacer par des signes de ponctuation ?

③ **Tu as pu remarquer que certaines propositions étaient reliées par les mots :** et, mais... **Quelle est la nature de ces mots (nous avons vu cela dans une leçon précédente) ? Quel nom peut-on donner à deux propositions reliées par ces mots ?**

CE QUE JE DOIS SAVOIR

LES PROPOSITIONS JUXTAPOSÉES, COORDONNÉES

[1] Des **propositions séparées** par un **signe de ponctuation** :
- virgule (,)
- point-virgule (;)
- deux-points (:)

sont appelées **propositions juxtaposées**.

Il fait froid, je relève mon col.
Il a gagné : son entraîneur est content.

[2] Des **propositions reliées** entre elles par une **conjonction de coordination** :

mais, ou, et, donc, or, ni, car

sont appelées **propositions coordonnées**.

*J'aimerais t'accompagner **mais** je n'en ai pas le temps.*
*Tu n'étais pas là **donc** je suis reparti.*
*Je ne viendrai pas **car** je ne suis pas invité.*

JE M'ENTRAÎNE

① **Transforme les phrases suivantes en phrases complexes comprenant des propositions juxtaposées :**

Le ciel se couvre. J'ouvre mon parapluie.

Le jour se lève. Les alpinistes se remettent en chemin. Les alpinistes gravissent les premiers rochers.

Il est arrivé. Il a commencé à hurler, comme d'habitude, nous l'avons laissé seul.

② **Transforme les phrases de l'exercice précédent en reliant les propositions avec la conjonction de coordination qui convient.**

③ **Transforme les phrases suivantes en phrases complexes comprenant des propositions coordonnées :**

or — Cette actrice n'a pas joué depuis longtemps. Elle a toujours autant de talent.
et — Les cambrioleurs sont entrés dans l'appartement. Ils ont volé tous les bijoux.
ou — Je prendrai le bus. Je rentrerai en taxi.
car — Il ne pouvait pas gagner. Nous avons triché.
donc - mais — Il a gagné. Il a remporté le gros lot. Nous sommes certains qu'il a triché.

④ **Rendez-vous à la page 38 de Nature à Lire :** *(lignes 1 à 28).*

- Relève deux propositions juxtaposées.
- Relève deux propositions coordonnées.

JE M'ÉVALUE

Tout de suite

① **Complète le tableau suivant l'exemple :**

	Tous les deux	soit l'un, soit l'autre	aucun des deux	l'un des deux seulement
Il ne sait *ni* lire *ni* écrire.			X	
Je ne veux pas chanter mais danser.				X
Elle est grande et chausse du 45 !	X			
Tu prends le bus ou tu rentres en taxi ?		X		
Je n'irai ni te voir, ni te chercher à la gare.			X	
Tu dors ou tu fais semblant ?		X		
Il boit peu mais mange beaucoup.				X

② **Reprends les phrases de l'exercice ci-dessus et transforme-les en phrases comprenant des propositions juxtaposées.**

Plus tard

① **Trouve des phrases correspondant aux indications données dans le tableau ci-dessous :**

	Tous les deux	soit l'un, soit l'autre	aucun des deux	l'un des deux seulement
	X			
			X	
		X		
				X
		X		

② **Rendez-vous à la page 188 de Nature à Lire :** *(paragraphe : le Cantal et le Mont-Dore).*

- Relève deux propositions juxtaposées (avec une virgule et avec deux points).
- Relève deux propositions coordonnées.

LES PROPOSITIONS SUBORDONNÉES RELATIVES
LES PROPOSITIONS SUBORDONNÉES CONJONCTIVES

MON CONTRAT — *Reconnaître une proposition subordonnée relative. Savoir reconnaître une proposition subordonnée conjonctive. Savoir par quoi elles sont introduites. Les employer dans un projet d'écriture.*

J'EXPLORE

Le dernier voyage de Chaab
Michel Peyramaure
p. 44

① **Qui a le premier aperçu la harde ? Qu'est-ce qui va permettre à la tribu de satisfaire sa faim ?**

② **Lignes 1 à 37**
   [a] Relève les propositions subordonnées.
   [b] Par quels mots les propositions subordonnées sont-elles introduites ? Quelle est la nature de ces mots ?
   [c] Note les propositions subordonnées qui complètent le verbe de la proposition principale.
   [d] Note les propositions subordonnées qui complètent un nom (ou un groupe nominal) appartenant à la proposition précédente.
   [e] Certains mots introduisant des propositions subordonnées sont mis pour un nom ou un groupe nominal placé juste avant eux. Cherche dans le texte les subordonnées qui répondent à cette règle.

③ **À ton avis, comment appelle-t-on ces subordonnées ?**

CE QUE JE DOIS SAVOIR

LES PROPOSITIONS SUBORDONNÉES RELATIVES
LES PROPOSITIONS SUBORDONNÉES CONJONCTIVES

(note manuscrite : Elle commence)

[1] La **proposition subordonnée conjonctive** complète le verbe de la proposition principale. Elle est introduite par une **conjonction de subordination** (que, quand, comme, si...) ou une **locution** formée avec **que** (lorsque, depuis que, pour que...).

> *J'attends **que** le train arrive.* → *(subordonnée conjonctive complète le verbe de la principale)*
> **conjonction de subordination**
>
> *Le public s'est levé **quand** les musiciens sont entrés sur scène.* → *(subordonnée conjonctive)*
> **conjonction de subordination**

[2] La **proposition subordonnée relative** complète un nom (qui lui est **antécédent**) appartenant à la proposition principale. Elle est introduite par un **pronom relatif** (qui, que, quoi, dont, où, lequel, duquel, auquel...).

> *C'est l'homme **dont** je t'ai parlé.* → *(subordonnée relative)*
> l'homme : nom antécédent du pronom relatif **dont**
>
> *Je te présente la jeune fille **que** nous accompagnons.* → *(subordonnée relative)*
> la jeune fille : nom antécédent du pronom relatif **que**

Rappel : **que** peut être **conjonction de subordination** (exemple 1) ou **pronom relatif** (exemple 4). Il suffit de chercher s'il a ou non un antécédent.

JE M'ENTRAÎNE

① **Complète les phrases avec le pronom relatif qui convient, puis souligne les antécédents.**

C'est moi ...... ai téléphoné. Le chat ...... nous avons élevé est mort. La ville où vous vous rendez est à cinq minutes. La voiture avec ...... il a gagné la course est une Ferrari. J'ai écrit ce livre dont on parle à la radio.

à revoir

② **Classe dans deux colonnes les propositions des phrases suivantes : subordonnées conjonctives/subordonnées relatives.**

Nous allons vers la maison que j'ai achetée. *Sub. relat.*
Je sens bien que cela ne te fait pas plaisir. *Sub. Conj*
Elle a attendu que tout le monde soit sorti. *Sub. Conj.*
Je regarde les nuages que le vent pousse doucement. *Relat.*
Nous espérons que le vainqueur viendra dîner avec nous. *Conj*

③ **Complète les propositions principales avec une subordonnée conjonctive ou une subordonnée relative. Indique entre parenthèses la nature de tes subordonnées.**

Nous quittons la route ....
...... , notre équipe a toujours gagné.
...... tu y arriverais.
Je suis venu voir ....
La voiture ...... , est déjà cabossée.
On a abattu le chien ....

oralement

④ **Rendez-vous à la page 72 de Nature à Lire :** (lignes 1 à 39).

• Relève les propositions subordonnées relatives. Indique les antécédents.

• Relève les propositions subordonnées conjonctives. Indique quels verbes elles complètent.

JE M'ÉVALUE

Tout de suite

① **Classe en deux colonnes les propositions des phrases suivantes : subordonnées conjonctives / subordonnées relatives.**

Tu parles du film que je suis allé voir. C'est une histoire que j'avais déjà lue. J'espère que tu l'as aimé. Je souhaite que nous retournions le voir ensemble. Je pense que je vais encore y découvrir des choses. La critique que j'ai lue est navrante.

② **Écris un texte de cinq phrases avec trois subordonnées conjonctives (introduites par** que, lorsque, quand**) et deux subordonnées relatives (introduites par** que **et** qui**).**

Plus tard

① **Complète les propositions principales avec une subordonnée conjonctive ou une subordonnée relative. Indique entre parenthèses la nature de tes subordonnées.**

Cet homme est le voisin ....
J'aimerais revoir le quartier ....
Dans le soir ...., je me promène dans les bois.
Nous partirons ....
C'est toi ....

② **Écris un texte de cinq phrases avec deux subordonnées conjonctives (introduites par** comme **et** que**) et trois subordonnées relatives (introduites par** dont, que **et** lequel**).**

LA PROPOSITION SUBORDONNÉE CONJONCTIVE COMPLÉMENT D'OBJET

MON CONTRAT *Identifier les propositions subordonnées conjonctives compléments d'objet. Savoir les utiliser.*

J'EXPLORE

La galopeuse de lune
Thalies de Molène
p. 40

① **Comment s'appelle la petite fille ? Quelle est l'origine de son nom ? Que s'est-il passé quand son père est parti à Périgueux ?**

② **Lignes 22 à 58**

[a] Relève les phrases contenant les propositions indépendantes et celles contenant des propositions subordonnées relatives et des propositions subordonnées conjonctives.

[b] Observe les phrases contenant les subordonnées conjonctives introduites par **que**. Encadre les verbes qu'elles complètent.

[c] Dans ces phrases, cherche le sujet du verbe et le COD (s'il y en a un). Que constates-tu ?

[d] Observe bien les verbes des propositions principales complétés par des subordonnées conjonctives. Fais-en la liste à l'infinitif. Que peux-tu dire de ces verbes ?

③ **À ton avis, quelle est la nature des COD que tu as trouvés en** [c] **? Quelle est la fonction des subordonnées conjonctives relevées en** [b]**.**

CE QUE JE DOIS SAVOIR

LA PROPOSITION SUBORDONNÉE CONJONCTIVE COMPLÉMENT D'OBJET

[1] La proposition subordonnée conjonctive introduite par la conjonction de subordination **que** est **Complément d'Objet Direct** du verbe de la proposition principale.

*Le directeur a répondu | **que** l'école serait fermée demain.*
| (quoi ?)

*Elle dit | **que** le cyclone approche.*
| (quoi ?)

[2] Le verbe de la proposition subordonnée conjonctive est soit à l'**indicatif** (présent, imparfait…), soit au **subjonctif présent.**

*Elle sait que sa mère **vient.** (Indicatif Présent)*
*Elle savait que sa mère **venait.** (Indicatif Imparfait)*
*Elle veut que sa mère **vienne.** (Subjonctif Présent)*

Cela dépend du verbe de la phrase principale.

JE M'ENTRAÎNE

① **Complète les phrases suivantes avec une proposition subordonnée conjonctive COD :**

La maîtresse a déclaré ……… .
Le journaliste reconnaît ……… .
Le président de la République a déclaré ……… .
Mes voisins m'assurent ……… .
Elle prétend ……… .

② **Transforme suivant l'exemple :**

Le maître souhaite notre réussite. → *Le maître souhaite que nous réussissions.*

Le maître interdit les sorties avant l'heure. → …
Maman exige le retour des enfants avant la nuit. → …
J'attendrai le retour du beau temps. → …
Nous espérons votre guérison. → …

③ **Transforme suivant l'exemple :**

La radio annonce que les estivants partent. → *La radio annonce le départ des estivants.*

Je crois que les oiseaux s'envolent. → …
Elle lui demande que son achat soit remboursé. → …
Nous avons appris que votre voyage était annulé. → …
J'attends que mes amis m'appellent. → …
La sonnerie annonce que les cours sont finis. → …

④ **Rendez-vous à la page 18 de Nature à Lire :** *(lignes 1 à 34).*

• Y a-t-il (dans ce texte) des phrases comprenant des propositions subordonnées conjonctives COD ? Si oui, relève-les.

• Que remarques-tu concernant le mode et le temps des verbes de ces subordonnées ?

JE M'ÉVALUE

Tout de suite

① **Souligne les propositions subordonnées conjonctives COD :**

La maison que j'aimerais avoir aura des volets verts. Les employés soutiennent qu'ils ont une heure de trajet. Elle s'aperçoit que le chien tremble. Ce n'est pas la mer qui te l'a apporté. Je vois que son visage est en sueur et qu'elle serre son ventre dans ses mains. Voici la voiture que je t'ai trouvée !

② **Complète les phrases suivantes en accordant les verbes quand ils sont entre parenthèses :**

Les Gaulois avaient peur que ……… .
Certaines personnes pensent que ……… .
Les voisins *(craindre)* que ……… .
Les touristes souhaiteraient que le temps *(être)* meilleur.
Il faudrait ……… .

Plus tard

① **Relie les phrases suivantes à l'aide de la conjonction** que, **en construisant une subordonnée COD :**

Exemple : L'été sera chaud et sec. Les vacanciers le voudraient.
→ Les vacanciers voudraient que l'été soit chaud et sec.

À toi :
Les enfants iront au lit plus tôt. Maman l'exige.
L'alcool est mauvais pour la santé. Tout le monde le sait.
Sur la route, la vue c'est la vie. Les médecins l'affirment.
Vous avez été retardés. Nous le comprenons.

② **Forme des phrases dont le verbe de la proposition principale sera :** vouloir, dire, espérer, demander, penser, **et dont la proposition subordonnée sera COD de ce verbe.**

Les Subordonnées Circonstancielles

MON CONTRAT

Identifier les différentes sortes de propositions circonstancielles, de temps, but, cause et conséquence (et aussi lieu et manière). Savoir les utiliser dans un projet d'écriture.

J'EXPLORE

① **Que veut éviter le père de Thomas ? À quelle époque les ours s'attaquaient-ils aux troupeaux ? Qui connaît la réponse (dans le texte) ?**

L'attaque de l'ours
Alain Surget
p. 50

② **Lignes 30 à 60**
   [a] Relève les propositions subordonnées conjonctives.
   [b] Par quels mots ou locutions ces propositions sont-elles introduites ?
   [c] À quelles questions répondent-elles ?
   [d] Ligne 33 : dans quel but faut-il remonter là-haut tout de suite ?
   [e] Ligne 38 : de quelle manière la mère regarde-t-elle Thomas ?
   [f] Ces propositions subordonnées conjonctives décrivent-elles ou non les circonstances des actions ? Explique.

③ **Comment pourrait-on appeler la proposition subordonnée du [d] ? Et celle du [e] ? Réfléchis et donne ton avis.**

CE QUE JE DOIS SAVOIR — LES SUBORDONNÉES CIRCONSTANCIELLES

[1] La **proposition subordonnée circonstancielle de temps** est introduite par des conjonctions ou locutions conjonctives : quand, alors que, après que, aussitôt que, avant que… Elle répond à la question : **quand ?**

*Nous partons à la pêche (quand ?) **avant que** le soleil se lève.*

[2] La **proposition subordonnée circonstancielle de but** est introduite par : pour que, afin que, de peur que… Elle répond aux questions : **pourquoi ? dans quel but ?**

*Faut monter là-haut (pourquoi ?) **pour** empêcher **que** les bêtes se jettent dans les précipices.*

[3] La **proposition subordonnée circonstancielle de cause** est introduite par : parce que, puisque, vu que, comme… Elle répond à la question : **pour quelle(s) raison(s) ?**

*Bébé pleure (pour quelle raison ?) **parce qu'**il a faim.*

[4] Il existe aussi des propositions **subordonnées circonstancielles** de **lieu** (où ? à quel endroit ?), de **manière** (de quelle manière ? comment ?), de **conséquence** (avec quel résultat ?).

JE M'ENTRAÎNE

① **Transforme ces propositions indépendantes afin d'en faire des phrases complexes comprenant une principale et une subordonnée circonstancielle.**

Exemple : Il dort. Je lis. → Il dort *pendant que je lis*.

Il remonte se coucher. Il a encore sommeil. *parce que*
Papa lit le journal. Il a fini de dîner. *quand*
Il faut casser des œufs. Tu veux faire une omelette. *si – quand*
Il enfile ses vêtements. Sa femme prépare un casse-croûte. *pendant que*
Vide ton bol ! Je vais le remplir.

② **Dans ce texte, souligne les propositions circonstancielles et note entre parenthèses si elles sont de but, de conséquence, de temps, de manière, de cause, de lieu.**

Nous avons mangé des biscottes pour qu'il vous reste du pain. Lorsqu'il travaille, Gaston la Gaffe fait des gaffes ! Tu es tombé en panne parce que ton réservoir est vide. La pluie tombe depuis deux jours, si bien que l'eau de la rivière monte. Ils se sont tous réunis auprès du grand chêne. Il a éclaté de rire comme un idiot. Elle lève toujours le doigt afin que le maître l'interroge.

③ **Complète les phrases suivantes avec une proposition subordonnée selon les indications données entre parenthèses.**

Claire a perdu ses clés *(conséquence)*. Pierre n'a pas appris sa leçon *(cause)*. Nous pêcherons *(temps)*. Ici, on élève des poulets *(but)*. Elle s'est habillée *(manière)*.

④ **Même exercice que le ③, mais cette fois, tu dois trouver des propositions principales.**

.... parce que la maison a brûlé. .... si bien que les enfants ont manqué l'école . ... après que tu es revenue. .... dès que le feu passe au vert.

à faire par écrit

JE M'ÉVALUE

Tout de suite

① **Rendez-vous à la page 44 de Nature à Lire :** *(lignes 1 à 69).*

- Relève des propositions subordonnées circonstancielles.

② **Barre la conjonction (ou locution) qui ne convient pas (et quelquefois le verbe) :**

La maîtresse se fâche **(parce que, pour que)** les élèves se taisent.
(Pendant que, Jusqu'à ce que) tu **(es, sois)** à l'école, nous travaillons.
Nous t'avons fait travailler **(afin que, de peur que)** tu réussisses.
Tu t'es couchée tôt hier soir **(de sorte que, de manière que)** tu es bien reposée ce matin.

Plus tard

① **Rendez-vous à la page 72 de Nature à Lire :** « Installation ».

- Lis le texte et relève cinq propositions subordonnées circonstancielles différentes. (Attention, tu dois lire le texte en entier p. 72 à 75).

② **Rédige un texte de cinq phrases dans lesquelles tu dois construire cinq propositions subordonnées circonstancielles différentes : temps, cause, but, conséquence, manière.**

ORTHOGRAPHE

LE PLURIEL DES NOMS EN -AL OU EN -AIL

MON CONTRAT — *Reconnaître les mots terminés en -AL ou -AIL et savoir les mettre au pluriel.*

J'EXPLORE

Premières disparitions
Christian Louis
p. 56 à 59

① **Décris Hippolyte. Qu'a-t-il perdu ce matin-là ? Qui espionne les gestes d'Hippolyte ? Que fait-il dans cette cabane ?**

② **Tout le texte**
 [a] Relève tous les mots se terminant par -AL.
 [b] Repère les phrases dans lesquelles ces mots se trouvent et réécris-les toutes au pluriel. Que penses-tu de « banale » ?
 [c] Un de ces mots est déjà au pluriel. Remets-le au singulier en réécrivant la phrase dans laquelle il est employé.
 [d] Y a-t-il des mots se terminant en -AIL ? Si oui, mets-les au pluriel.
 [e] Recherche si tu connais d'autres mots se terminant en -AL. Mets-les au pluriel. Que constates-tu ?

③ **Que peux-tu dire sur le pluriel des noms se terminant en -AL ?**

CE QUE JE DOIS SAVOIR

LE PLURIEL DES NOMS EN -AL OU EN -AIL

[1] Généralement, les noms terminés en **-AL** ont leur pluriel en **-AUX**.

un journal → des journaux
un cheval → des chevaux
un général → des généraux

sauf **un bal, un carnaval, un festival, un régal...** qui prennent un *s* au pluriel : **des bals, des carnavals...**

[2] Les noms terminés en **-AIL** ont leur pluriel en **-AILS**.

un gouvernail → des gouvernails
un rail → des rails
un portail → des portails

sauf **un bail, un corail, un émail, un soupirail, un travail, un vitrail...** qui se terminent par **-AUX** au pluriel : **des baux, des coraux, des émaux...**

JE M'ENTRAÎNE

① **Mets les noms en italique au pluriel :**

As-tu acheté le *journal*, ce matin ?
Passe-moi mon *éventail*, j'ai trop chaud.
Cet été, nous allons fréquenter le *festival* de musique classique.
J'ai besoin d'un *détail* supplémentaire.
Je déclare que notre *travail* est terminé.

② **Classe les mots suivants dans l'ordre alphabétique :**

(un) cheval – (un) signal – brutal – (un) animal – (un) métal – (un) journal – normal – (un) local – (un) canal – postal.

③ **Complète les expressions ci-dessous avec les mots de la liste que tu viens d'établir au ② :**

Le …… du soir. Un …… de course. Un …… de danger. Le temps est …… pour la saison. Un …… sauvage. Un vaste …… . Un colis …… . Un boxeur …… . Un …… très dur. Un large …… .

④ **Recopie au pluriel les expressions que tu viens de compléter au ③.**

à la maison

⑤ **Rendez-vous à la page 72 de Nature à Lire.**

- Lis le texte en entier (pages 72 à 75).
- Trouve plusieurs mots en -AL.
- Trouve plusieurs mots en -AIL.
- Cherche leur pluriel. Que constates-tu ? Pourquoi ?

JE M'ÉVALUE

Tout de suite

① **Place les mots suivants dans la grille ci-dessous :**

1. Pluriel d'émail
2. Pluriel de bail
3. Pluriel de chacal
4. Pluriel de soupirail
5. Singulier de royaux
6. Pluriel de festival

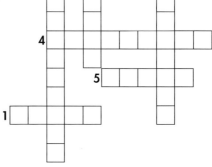

② **Reprends les mots de l'exercice précédent. Utilise-les comme ils sont dans la grille et fais une phrase avec chacun d'entre eux.**

Plus tard

① **Vrai ou Faux ? Complète le tableau :**

	VRAI	FAUX	sauf :
En règle générale, le pluriel des noms se marque en rajoutant un s au singulier.			
Les noms terminés par -AL font leur pluriel en prenant un s.			
Les noms terminés par -AIL ont leur pluriel en -AILS.			
Le pluriel de bétail est bétails.			

② **Écris un petit texte en réutilisant des exceptions de noms se terminant en -AL faisant leur pluriel avec un s (trois noms au maximum) et des exceptions de noms terminés par -AIL faisant leur pluriel en -AUX.**

LE PLURIEL DES NOMS COMPOSÉS

MON CONTRAT — *Connaître la manière dont sont formés les noms composés. Savoir les mettre au pluriel.*

J'EXPLORE

Le Jobard
Michel Piquemal
p. 76 à 81

① **Que font Jean-Luc, Pierre, Michel et Brice ? Décris le Jobard. À quel signal les enfants ont-ils commencé la bagarre ? L'expédition a-t-elle réussi ?**

② **Tout le texte**
  [a] (l. 30–32) : « Le petit chemin de terre est bordé… » de quoi ? Observe le mot que tu as trouvé ? Qu'a-t-il de particulier ?
  [b] (l. 46–48) : « J'attendis qu'il enlève les tendeurs du cageot… » de quoi ? Observe le mot que tu as trouvé ? Qu'a-t-il de particulier ?
  [c] Réécris les deux mots que tu viens de découvrir (comme ils sont dans le texte). Compare-les. Qu'observes-tu ?
  [d] Ces noms sont composés de plusieurs mots. Trouves-en trois autres dans le texte.
  [e] Pour ces cinq noms, essaie de rechercher comment on les écrit au pluriel (pour ceux qui sont au singulier) et comment on les écrit au singulier (pour ceux qui sont au pluriel).

③ **Comment peut-on appeler ces noms très particuliers ? Donne ton avis.**

CE QUE JE DOIS SAVOIR — LE PLURIEL DES NOMS COMPOSÉS

[1] Dans les noms composés, **seuls l'adjectif et le nom** peuvent prendre la marque du pluriel, <u>**si le sens le permet**</u>.

des timbres-poste   (**des** timbres pour **la** poste)
des pommes de terre   (**des** pommes qui viennent de **la** terre)
des gardes-malade(s)   (**des** gens : **des** gardes, qui gardent **le** ou **les** malades).

Attention : Dans le cas des noms composés avec « garde », il est préférable de bien s'attacher au sens.

des gardes républicains   (gardes est ici un nom représentant **des** personnes)
des garde-boue   (garde est ici un verbe qui signifie « protéger » de **la** boue).

Attention : *des gardes-côtes* (personnes)   *des gardes-pêche* (gardiens)
            des garde-côtes (bateaux)

[2] Dans les noms composés, le verbe ne prend jamais la marque du pluriel.

un lave-vaisselle → *des lave-vaisselle*   (pour laver **la** vaisselle)
un porte-bagages → *des porte-bagages*   (pour porter **les** bagages)

JE M'ENTRAÎNE

① **Dans les noms composés suivants, indique la nature de chacun des mots.**
Exemple : des rouges-gorges → **adjectif qualificatif + nom** *(donc accord des deux)*

À toi :
des sapeurs-pompiers → …
des coffres-forts → …
des porte-manteaux → …
des sourds-muets → …
des sous-sols → …
des passe-partout → …

a + a

② **Écris au pluriel les noms composés suivants :**

un porte-avions – un essuie-mains – une grand-mère – une arrière-saison – un porte-voix – un coupe-légumes – un procès-verbal.

③ **Mets au singulier les phrases suivantes et souligne les noms composés :**

Mes porte-monnaie sont vides. Nous utiliserons des compte-gouttes pour préparer nos médicaments. Des hommes-grenouilles ont plongé. Les arrière-boutiques sont obscures. Il y a des coups de pied qui se perdent !

④ **Rendez-vous à la page 118 de Nature à Lire :** *(« Germinal »)*.

• Lis le texte pages 118 et 119 et relève tous les noms composés que tu trouveras. Indique la nature des différents mots qui les composent et mets-les au pluriel lorsqu'ils sont au singulier.

JE M'ÉVALUE

Tout de suite

① **Écris au pluriel :** un bouton-d'or, un garde-meubles, un rez-de-chaussée, un chef-d'œuvre, un garde-chasse, un ver à soie, un demi-tour, un nouveau-né, un raz de marée, un essuie-glace.

② **Forme des noms composés à partir des indications suivantes :**

Exemple : Des pommes qui viennent de la terre. → des pommes de terre.

À toi :
Des engins qui chassent la neige. → …
Des objets pour tailler les crayons. → …
Des immeubles tellement hauts qu'ils « grattent » le ciel. → …
Des ustensiles qui servent à ouvrir les boîtes. → …
Des arcs de couleur qui se forment dans le ciel après la pluie. → …

pour mardi 9

Plus tard

① **Écris au pluriel :** un couvre-lit, un porte-plume, un chou-fleur, une belle-sœur, un court-circuit, un après-midi, un avant-centre, une pomme de pin, une noix de coco, un porte-clés.

② **En te rappelant la règle, complète ce tableau avec des noms composés, suivant l'exemple :**

Le nom est composé par :	1ᵉʳ terme au pluriel	2ᵉ terme au pluriel	les 2 termes au pluriel	aucun des 2 termes au pluriel
nom + nom			des chiens-loups	
verbe + nom				
adjectif qualificatif + nom				
adverbe + nom				
adjectif qualificatif + adjectif qualificatif				
verbe + verbe				
nom + adjectif qualificatif				

L'Accord dans le Groupe Nominal : Nom/Adjectif Qualificatif

Mon Contrat — *Connaître la règle de l'accord de l'adjectif qualificatif avec le nom, dans le cas général et les nombreux cas particuliers.*

J'explore

Germinal
Émile Zola
p. 118

① **Qui marche sur la route de Marchiennes ? À quel moment de la journée se déroule cette histoire ? Que cherche cet homme ?**

② **Lignes 1 à 37**
  [a] Relève les adjectifs qui qualifient les choses ou les objets.
  [b] Relève les adjectifs qui qualifient les personnes.
  [c] Que peux-tu dire sur le genre et le nombre de ces adjectifs qualificatifs ?
  [d] Recherche si ces adjectifs qualificatifs sont utilisés dans des groupes nominaux ou des groupes verbaux ?

③ **Réécris ce texte (lignes 1 à 31) en mettant au pluriel les noms qui sont au singulier.**

CE QUE JE DOIS SAVOIR

L'ACCORD DANS LE GROUPE NOMINAL : NOM/ADJECTIF QUALIFICATIF

[1] Dans le cas général, l'**adjectif qualificatif** s'accorde en **genre** et en **nombre** avec le **nom** (ou le **pronom**) auquel il se rapporte.

le chat noir   *Il est noir.*
les chattes noires   *Elles sont noires.*

[2] Quand un **adjectif qualificatif** qualifie plusieurs **noms** (ou **pronoms**), il s'écrit au **pluriel** et prend le genre des noms qualifiés. Mais **un seul nom masculin** dans une série de **noms féminins** fait que l'adjectif qualificatif prend la marque du **masculin pluriel** (le masculin l'emporte sur le féminin).

*une moto, une voiture et un vélo **neufs** → (et non pas **neuves**).*

[3] Les adjectifs de couleur restent invariables quand une couleur est désignée par plusieurs adjectifs qualificatifs ou quand il évoque un objet ou un être vivant :

*des foulards **bleu clair** → (pas d'accord)*
*des foulards **orange** → (pas d'accord, de la couleur du fruit : orange)*

Exceptions : rose, mauve, fauve qui s'accordent avec le nom.
Rappel : Dans tous les autres cas les adjectifs de couleur s'accordent avec le nom.

JE M'ENTRAÎNE

① **Écris au pluriel :**

un coin sombre – une maison confortable – une large porte – un édifice imposant – un vêtement chaud et imperméable – un enfant impatient – un épais tapis vert – un homme travailleur.

② **Écris au féminin :** *une doctoresse*

un homme heureux – un maître gentil – un docteur compétent – un garçon étonné – un joueur compétitif – un singe malin et vif. → *vive*
-if → -ve une guenon

③ **Accorde les adjectifs qualificatifs entre parenthèses, si cela est nécessaire.**

des voitures *(jaune et rouge)* → …
une région et un village *(ensoleillé)* → …
Elle a de beaux yeux *(marron)*. → …
des fleurs *(orange)* → …
Les terrains sont très *(rocailleux)*. → …

④ **Marque les accords quand cela est nécessaire :**

des foulards *(blanc), (orange), (bleu clair), (rouge), (vert), (rouge vif), (cerise), (doré), (bleu), (jaune citron), (crème), (turquoise), (vert foncé), (noir), (ocre)*.

⑤ **Rendez-vous à la page 152 de Nature à Lire :** *(lignes 1 à 23).*

• Relève chaque groupe nominal comprenant un ou plusieurs adjectifs qualificatifs. Lorsque le GN est au singulier, mets-le au pluriel. Lorsque le GN est au pluriel, mets-le au singulier.

JE M'ÉVALUE

Tout de suite

① **Écris au singulier les mots en italique et modifie la phrase en conséquence.**

Il est important d'avoir de véritables *amis* sincères et désintéressés.
Ces *ouvrages* confus et incompréhensibles sont sans intérêt.
Le carrossier découpe des *tôles* rouillées et bosselées.
Mes chers *amis*, ne soyez pas déçus ni attristés de mon départ.

② **Mets au pluriel :** un enfant heureux – un travailleur fatigué – un mets excellent – une photographie jaunie – un vieux livre – une robe rose – un produit régional – un livre passionnant – un pantalon jaune pâle.

Plus tard

① **Écris au pluriel, puis au singulier :**

de *(gros) (planche) (long)* et *(lourd)* → …
ses *(joli) (petit) (patte) (noir)* et *(blanc)* → …
de *(bon) (ouvrier) (actif)* et *(travailleur)* → …
des *(soir) (splendide) (clair)* et *(doux)* → …
des *(soirée) (splendide) (clair)* et *(doux)* → …

② **À qui pourraient s'adresser ces affirmations ?**

Suis l'exemple : Êtes-vous libres ce soir ? → 2 filles / 2 garçons / 1 garçon, 1 fille.

À toi :
Vous êtes ambitieux ! → …
Tu es bien fatiguée ! → …
Vous vous êtes égarés ? → …
Êtes-vous malades ? → …
Je vous trouve turbulentes. → …
Vous êtes sympathiques. → …

LES MOTS INVARIABLES

MON CONTRAT Connaître les mots invariables. Les employer dans un projet d'écriture.

J'EXPLORE

Le septième fils du pêcheur breton
Bernard Clavel
p. 22

① À l'époque où commence cette histoire, que se passe-t-il dans la famille de Yan ? À quel endroit pêche Yan ? Qu'a-t-il capturé ?

② **Lignes 1 à 19**
[a] Recopie le texte (lignes 1 à 19) et souligne les mots ou groupes de mots que tu ne peux pas accorder (avec un nom en particulier).
[b] Établis la liste de ces mots par ordre alphabétique.
[c] Essaie de déterminer leur nature.
[d] Peux-tu donner le contraire de tous ces mots ?
[e] Réécris les phrases des lignes de 1 à 19 en utilisant les contraires des mots identifiés.

③ **Y a-t-il une règle qui se dégage quant à l'orthographe de ces mots ? Qu'en penses-tu ?**

CE QUE JE DOIS SAVOIR — LES MOTS INVARIABLES

[1] Comme leur nom l'indique, les mots invariables ne s'accordent pas. Comme il n'y a aucune règle précise pour leur orthographe, on doit les retenir par cœur.

Quelques exemples* :

ailleurs, auprès, autrefois, beaucoup, certes, combien, désormais, enfin, ensuite, guère, hier, jamais, malgré, moins, néanmoins, parfois, pendant, pourtant, quoi, soudain, souvent, tard, tellement, toujours, trop, voici, vers, volontiers, vraiment...

Attention : Ne pas confondre les **adverbes** terminés par **-ENT** qui sont invariables et les **noms** terminés par **-ENT** qui sont variables.

*Il exécute **rapidement** quelques **mouvements**.*
         adverbe   nom

* Voir la liste des mots 100 invariables les plus souvent utilisés (pages 184–185).

JE M'ENTRAÎNE

① **Change le mot en italique pour dire le contraire.**

Il y avait *peu* de monde dans le stade. Le train de Paris *n'*était *jamais* en retard. Il fallait partir *peu de temps* avant la nuit. C'est *dedans* qu'il faisait le *plus* noir. Il y avait un jardin *devant* la maison. *Tant mieux* s'il pleut, on ne sortira pas !

② **Complète les phrases suivantes avec l'un de ces mots :**

tôt, bientôt, plutôt, aussitôt, tantôt.

Il s'est levé très ………… . Ils sont ………… gais, ………… tristes. Ne mange pas cette orange, prends ………… cette pomme. C'est ………… les vacances. Je l'ai appelé, il est venu ………… .

③ **Même exercice avec :**

fois, parfois, autrefois, quelquefois, toutefois.

Les films sont ………… très intéressants. Il a ………… l'air triste. Je l'ai vu trois ………… . Ce n'est pas grave mais vous devriez ………… en parler au médecin. …………, la France était un royaume.

④ **Certains mots invariables de la liste ci-dessous sont faux. Repère-les puis corrige-les.**

maintenant – assé – toujour – quand – quelqufois – pourtemps – chaque – envert – aussis – mais – hier – chez – parceque – jamais – peu à peu.

⑤ **Rendez-vous à la page 40 de Nature à Lire :** *(lignes 1 à 35).*

• Relève tous les mots invariables. Établis-en une liste alphabétique. Fais cinq phrases en employant le maximum des mots que tu as relevés.

JE M'ÉVALUE

Tout de suite

① **Trouve un autre mot invariable qui se termine par la même lettre muette.**

Exemple : deu<u>x</u> → voi<u>x</u>

À toi :
longtemp<u>s</u> → …
vraimen<u>t</u> → …
tro<u>p</u> → …
che<u>z</u> → …
d'abor<u>d</u> → …

② **Construis cinq phrases en employant une fois chacun des ces mots ou expressions invariables :** tant – pourtant – autant – tant mieux – tant pis.

Plus tard

① **Dans la liste des mots suivants, souligne ceux qui sont toujours invariables :**

<u>envers</u> – front – <u>corps</u> – <u>surtout</u> – distinct – <u>noix</u> – puisque – <u>partout</u> – <u>bientôt</u> – départ – estomac – <u>auparavant</u> – exprès – <u>désormais</u> – gourmand.

② **[a]** Trouve quinze mots invariables qui se terminent par la lettre s.

[b] Trouve quinze mots invariables qui se terminent par la lettre e.

[c] Fais un texte de cinq phrases en employant le maximum des mots trouvés en [a] et [b].

Participe Présent/Adjectif Verbal

Mon Contrat *Comprendre ce qu'est un participe présent. Comprendre ce qu'est un adjectif verbal. Les utiliser l'un et l'autre à bon escient dans un projet d'écriture.*

J'explore

① **À quel endroit dansent les bateaux de plaisance ? Que peux-tu dire des gréements ? Quel âge a Ti'Louis ?**

dans le port de Fécamp   dans le bassin de Bérigny
12 ans

Le grand départ
Yves Clément
p. 10 à 13

② **Lignes 7 et 8**

[a] Remplace « brise » par « vent ». Est-ce que « cinglante » varie ? *oui*
[b] Quelle est la nature de ce mot ? *adj verbal*

Lignes 38 et 39

[c] Remplace « voix » par « ton ». Est-ce que « menaçante » varie ? *oui*
[d] Quelle est la nature de ce mot ? *adj verbal*

Lignes 124 à 126

[e] Remplace « la côte » par « le chemin ». Est-ce que « chantant » varie ? *non*
[f] Quelle est la nature de ce mot ? *participe présent (gérondif)*

③ **Que peux-tu déduire de ce que tu viens de découvrir ? Donne ton avis.**

CE QUE JE DOIS SAVOIR

PARTICIPE PRÉSENT/ADJECTIF VERBAL

[1] Le **participe présent** est une forme **invariable** du verbe. Il se termine toujours par **-ANT** et est suivi de un ou plusieurs compléments.

> Ce numéro **impressionnant** trop les enfants est maintenant réservé pour les soirées.

[2] L'**adjectif verbal** s'accorde en genre et en nombre avec le nom qu'il complète.

> Je trouve cet éléphant **impressionnant**.
>
> Je trouve cette **girafe impressionnante**.

[3] Certains adjectifs verbaux se différencient de leur participe présent par l'orthographe :

participe présent : communiquant – convainquant – provoquant – fatiguant – naviguant – négligeant – précédant

adjectif verbal : communicant – convaincant – provocant – fatigant – navigant – négligent – précédent

JE M'ENTRAÎNE

① **Écris les verbes suivants au participe présent :**

envahir – resplendir – occasionner – être – applaudir – répondre – disparaître – projeter – consister – bouillir.

② **Remplace le nom qui précède le participe présent par un nom féminin (accord ? pas d'accord ? À toi de répondre !) :**

participe présent

un jus de fruit rafraîchissant petits et grands → ... *pas d'accord*
un chat dormant sur le lit → ... *pas d'accord*
le boulanger pétrissant la pâte → ... ''
un sirop apaisant la toux → ... ''
un garçon jouant au chat → ... ''

③ **Mets les mots en italique au pluriel et transforme la phrase s'il le faut :**

Fondant dans la bouche, le ***chocolat*** fin est délicieux. → ...
J'adore le ***chocolat*** croquant. → ...
Elle a tiré un ***billet*** gagnant à la loterie. → ...
Passionnant les lecteurs, cet ***ouvrage*** fut un succès. → ...
Gagnant de toutes les courses, ce ***cheval*** est un champion. → ...

④ **Rendez-vous à la page 47 de Nature à Lire :** *(lignes 117 à 218).*

- Relève tous les participes présents et adjectifs verbaux.

- Réécris les phrases en remplaçant le nom qui précède par un nom féminin (s'il s'agit d'un nom masculin) ou par un nom masculin (s'il s'agit d'un nom féminin).

JE M'ÉVALUE

Tout de suite

① **Mets les mots en italique au féminin. Attention aux autres accords dans la phrase.**

Le *skieur* chute, glissant sur cinquante mètres. Décevant son ami, *il* n'a pas su garder sa confiance. Le *lion* effrayant se mit à courir. Ce *camarade* arrangeant et tolérant fait l'unanimité. Mon *voisin* est un homme accueillant. Apaisant les rivalités familiales, le *père* prit la parole.

② **Écris les verbes au participe présent :**

intéresser – souffrir – entraîner – gêner – supplier – dormir – coudre – résoudre – marcher – luire.

Plus tard

① **Complète le tableau suivant :**

participes présents	adjectifs verbaux
fatiguant	……
négligeant	……
……	provocant
somnolant	……
……	communicant
naviguant	……

② **Emploie trois participes présents et trois adjectifs verbaux dans des phrases (six phrases en tout).**

LE PARTICIPE PASSÉ AVEC ÊTRE

MON CONTRAT *Savoir accorder le participe passé avec l'auxiliaire ÊTRE. Savoir l'utiliser dans un projet d'écriture.*

J'EXPLORE

Si le comté m'était conté
p. 122

① **De quel métier est-il question ici ? Énumère les différentes étapes de la fabrication d'un fromage. Que se passe-t-il après le transport en cave ? Réfléchis et rédige.**

② **Tout le texte**
   [a] Relève les verbes de toutes les phrases. À quels temps sont-ils conjugués ?
   [b] Comment sont construits ces verbes conjugués ?
   [c] La deuxième partie du verbe est appelée ici « participe passé ». À quel genre et à quel nombre sont employés les participes passés que tu as relevés ? Explique.
   [d] Quels sont le genre et le nombre des sujets de tous ces verbes ? Que peux-tu en déduire pour les participes passés.
   [e] Avec quel auxiliaire ces participes passés sont-ils employés ?

③ **Que peux-tu en déduire ? Essaie de construire une règle.**

CE QUE JE DOIS SAVOIR

LE PARTICIPE PASSÉ AVEC ÊTRE

[1] Le **participe passé** employé avec l'auxiliaire **ÊTRE** s'accorde en **genre** et en **nombre** avec le **sujet de ce verbe**.

> Loïc et Christophe *sont partis*.
> Sujet masculin pluriel
>
> Elle *est partie*.
> Sujet féminin singulier
>
> Elles *sont parties*.
> Sujet féminin pluriel
>
> Loïc *est parti*.
> Sujet masculin singulier

[2] Le participe passé d'un **verbe pronominal ne s'accorde pas** quand **il est suivi d'un COD**.

> *Elle s'est lavé la tête.* → *(pas d'accord car suivi d'un COD)*
> *Elles se sont lavées.* → *(accord car pas de COD)*

Rappel : Participe passé des verbes du 1er groupe : **é** (parl**é**), du 2e groupe : **i** (grand**i**), du 3e groupe : **s** (pri**s**), **t** (di**t**), **u** (l**u**), **i** (part**i**).

JE M'ENTRAÎNE

① Souligne les sujets de chaque phrase et accorde les participes passés des verbes entre parenthèses :

Les soldats sont *(aligner)* pour le défilé. La nuit était *(venir)*. Les cerises sont *(vendre)* très cher en hiver. Soudain, un fauve est *(apparaître)*. Il est *(perdre)* dans ses pensées. Les deux amis sont *(rester)* debout toute la nuit. La poche ruisselante de sérum est *(soulever)*, *(transporter)*, *(ceinturer)* dans un cercle de bois. Les vacances sont déjà *(finir)*.

② Mets au pluriel suivant l'exemple : Elle sera partie. → Elles seront parties.

À toi

Elle est guérie. → …
Il s'est levé. → …
Le fromage est transporté. → …
Elle est reçue par ses amis. → …
L'animal est parti sans bruit. → …
Le lutin fut effrayé. → …

③ Transforme les phrases suivantes de façon à rendre invariables les terminaisons des participes passés.

Exemple : Ils se sont lavés. → Ils se sont lavé les dents.

À toi

Elles s'étaient maquillées. → …
Nous nous sommes mouillés. → …
Vous vous êtes serrées. → …
Les gens se sont couverts. → …

④ Rendez-vous à la page 113 de Nature à Lire : *(lignes 185 à 292)*.

• Relève tous les participes employés avec ÊTRE. Explique leur orthographe.

JE M'ÉVALUE

Tout de suite

① **Donne le participe passé des verbes :**
faire – ouvrir – aller – mettre – devenir – sortir – prendre – grandir – lire – être – avoir – peindre.

② **Recherche le sujet (ou groupe sujet), puis écris la phrase en la mettant au pluriel :**

Le terrain de camping s'est considérablement agrandi. → …
Tout l'été, la plage est surveillée par le maître nageur. → …
Après un bref arrêt, le randonneur est reparti. → …

③ **Emploie le participe passé du verbe « prendre » dans quatre phrases au masculin et au féminin (singulier et pluriel).**

Plus tard

① **Écris correctement les participes passés entre parenthèses :**

Mes parents sont *(partir)* en voyage. Ils se sont *(offrir)* une longue croisière. Elle est enfin *(venir)* nous voir. Les deux filles se sont *(revoir)* avec plaisir. Ils sont très *(exciter)* ce soir. Enfin, ils se sont *(coucher)*.

② **Emploie le participe passé du verbe « poursuivre » dans quatre phrases au masculin et au féminin (singulier et pluriel).**

LE PARTICIPE PASSÉ AVEC AVOIR

MON CONTRAT — *Savoir accorder le participe passé avec l'auxiliaire AVOIR. Savoir l'utiliser dans un projet d'écriture.*

J'EXPLORE

La griffe du jaguar
Yves-Marie Clément
p. 198

① **Où se déroule cette histoire ? dans quel pays du monde ? Qui est « Pépé Kaléidoscope » ? Qui est « Coco » ?**

② **Lignes 1 à 32**
[a] Relève les verbes de toutes les phrases.
[b] Observe les verbes construits avec un participe passé. À quel genre et à quel nombre sont ces participes passés ?
[c] Avec quel auxiliaire sont conjugués les verbes relevés à la question [b] ? (élimine : « s'est installé »).
[d] Ces verbes ont-ils tous un COD ? Où sont-ils placés ? Sont-ils tous placés au même endroit ? Explique.

③ **Que peux-tu en déduire ? Essaie de construire une règle.**

CE QUE JE DOIS SAVOIR

LE PARTICIPE PASSÉ AVEC AVOIR

[1] Le **participe passé** employé avec l'auxiliaire **AVOIR** ne s'accorde **jamais** avec le **sujet**.

> Le loup a **surgi**.
> Les loups ont **surgi**.
> Les garçons ont **gagné**.
> Les filles ont **gagné**.

[2] Le **participe passé** employé avec l'auxiliaire **AVOIR** s'accorde avec le **COD** s'il y en a un et si le COD est placé **avant le verbe**.

> J'ai mang**é** les pommes.
>   COD
>
> J'aime les pommes, je **les** ai mang**ées**.
>   COD mis pour « les pommes » (féminin pluriel)
>
> J'ai retrouvé les ballons **que** j'avais perd**us** hier.
>   COD mis pour « les ballons » (masculin pluriel)

JE M'ENTRAÎNE

① **Complète en accordant les participes passés (si nécessaire) :**

Les touristes ont déclar... des marchandises à la douane.
Ma grand-mère m'a expéd... les livres que je lui avais demand... .
C'est papa qui a prépar... le poulet que maman avait achet... .
Pierre a vom... tous les bonbons qu'il avait mang... .

② **Complète les phrases suivantes avec le bon participe passé accordé.**
Exemple : J'aime la **tarte** qu'il a achet**ée**.

À toi
J'aime les bonbons qu'il a ... .
J'aime les tartes qu'il a ... .
J'aime le gâteau qu'il a ... .
J'aime la glace qu'il a ... .
J'aime les biscuits qu'il a ... .

③ **Suivant le modèle, transforme ces phrases et souligne les participes passés :**

J'ai remarqué cette affiche. → Cette affiche, je l'ai remarquée.

À toi
J'ai confectionné ce plat. → ...
J'ai perdu mes patins à roulettes. → ...
Tu as réussi tes exercices. → ...
Nous n'avions pas prévu cette visite. → ...
Ils ont interrompu la fête. → ...

④ **Rendez-vous à la page 184 de Nature à Lire.**

• Lis le texte « L'homme qui peignait les arbres » très attentivement. Relève tous les participes passés qui s'y trouvent. Classe ceux employés avec être et ceux employés avec avoir. Est-ce que des participes passés employés avec avoir s'accordent ? Si oui, cherche avec quoi ils s'accordent. Explique.

JE M'ÉVALUE

Tout de suite

① **Accorde les participes passés des verbes entre parenthèses :**

Une panne électrique a *(interrompre)* l'émission. Cette moto, je l'ai *(vendre)*. Ce sont de bons amis, je les ai *(revoir)* avec plaisir. Les vins que nous a *(recommander)* le sommelier, sont excellents. Quels beaux meubles ! Les avez-vous *(trouver)* et *(acheter)* à la brocante ? Non, nous avons *(récupérer)* ces meubles dans le grenier de grand-mère.

② **Transforme les phrases suivant l'exemple (et n'oublie pas les accords, si nécessaire) :**

J'ai cueilli **ces cerises** dans mon verger. → Je **les** ai cueill**ies** dans mon verger.

À toi

J'ai laissé les oiseaux dans le garage. → …
Tu as enfin chanté cette chanson. → …
Je n'ai pas entendu les enfants rentrer. → …
Tu as vu les poissons nager dans l'aquarium. → …
J'ai reconnu ces jeunes filles. → …

Plus tard

① **Complète avec des phrases de telle façon que le participe passé employé avec AVOIR s'accorde :**

vendre	Les fruits qu'elle a vendus étaient trop mûrs.
disputer	La course qu'elle…
parcourir	…
caresser	…
interrompre	…
retrouver	…

② **Rédige un texte de six phrases en employant les participes passés suivants (employés avec AVOIR). Conserve les accords :** *trouvé – repérées – fermée – employés – offerts – mordue.*

INFINITIF – PARTICIPE PASSÉ – VERBE CONJUGUÉ

MON CONTRAT — *Différencier infinitif / participe passé / verbe conjugué. Connaître les différentes orthographes en fonction des multiples emplois.*

J'EXPLORE

Toine
Guy de Maupassant
p. 14

① **Qu'arrive-t-il à Toine ? À quoi joue-t-il avec ses amis ? Que fait-il avec ses œufs ? Cherche la réponse en lisant toute l'histoire.**

② **Lignes 24 à 43**

[a] Relève tous les verbes qui se terminent par le son [e] de thé ou le son [ɛ] de lait.

[b] Classe ces verbes en trois catégories : ceux à l'infinitif, les participes passés, les verbes conjugués à l'imparfait.

[c] Les participes passés utilisés ici sont employés comme adjectifs qualificatifs. Sont-ils épithètes ou attributs ?

[d] Par quoi peut-on remplacer les verbes du 1er groupe à l'infinitif pour être bien certain qu'ils ne sont pas conjugués ?

[e] Que peut-on faire pour ne pas confondre le verbe conjugué et le participe passé ?

③ **Essaie de construire une règle.**

CE QUE JE DOIS SAVOIR : INFINITIF – PARTICIPE PASSÉ – VERBE CONJUGUÉ

[1] Pour savoir s'il faut écrire le **participe passé** (é, ée, ées, és) ou l'**infinitif** (er), on peut **remplacer le verbe en -ER** par un **verbe du 2ᵉ ou 3ᵉ groupe.**

> *Paul a envoyé un colis.* → *Paul a reçu un colis.*
> # « Recevoir » est ici sous la forme d'un participe passé, donc « envoyé » est bien au participe passé.
>
> *Paul est allé à la poste pour envoyer un colis.* → *Paul est allé à la poste pour recevoir un colis.*
> # « Recevoir » est ici à l'infinitif donc « envoyer » est bien à l'infinitif.

[2] Quand il n'y a pas de véritable différence à l'oral entre le verbe conjugué et le participe passé, il faut chercher à mettre le verbe conjugué à un autre temps. Si cela est possible, le verbe est conjugué (imparfait, en général).

> *Il lui indiquait le chemin.* → *Il lui indiqua le chemin.*
> # « indiquait » est bien conjugué.

JE M'ENTRAÎNE

① **Transforme les expressions suivantes :**

Réparer une montre. → Une montre réparée.
Remplacer un joueur. → …
Distribuer des bonbons. → …
Couper un fil. → …
Étudier une règle de grammaire. → …
Poser des carreaux. → …
Fermer un portail. → …
Semer des graines. → …
Casser une bouteille. → …

② **Remplace les verbes en italique par des verbes de sens contraire du 1ᵉʳ groupe :**

Elle est *sortie* de bonne heure, ce matin. Tu ne dois plus *perdre* de temps. Elles sont *endormies* depuis peu de temps. Pour avoir la solution, il faut *soustraire*. L'avion cherche à *atterrir*.

③ **Écris les terminaisons :** é (és, ées, ée), ai (ait, aient) **ou** er.

Coup… du reste du monde, l'Albanie est un pays méconnu. Le jardinier est récompens… de son travail. Tu dev… nous donn… une réponse aujourd'hui. Comme ta voiture ét… en panne, tu m'as téléphon… pour que je vienne te cherch… . Les bateaux mouill… au large du port quand un orage violent a éclat… . Les billes que tu av… gagn… ét… toutes en verre.

④ **Rendez-vous à la page 56 de Nature à Lire :** *(lignes 1 à 38)*.

• Relève les verbes à l'infinitif (du 1ᵉʳ groupe), les participes passés finissant par « é » et les verbes conjugués à l'imparfait. Vérifie si la règle énoncée plus haut s'applique bien à tous les cas.

JE M'ÉVALUE

Tout de suite

① **Remplace les verbes en italique par des verbes de sens contraire (2ᵉ et 3ᵉ groupes) :**

On va *augmenter* la production. → …
Il faut *réchauffer* cette pièce. → …
Vous avez *trouvé* une clé. → …
Le patron veut *acheter* une usine. → …
L'usine reste *fermée*. → …

② **Emploie les verbes suivants (participes passés, infinitifs ou verbes conjugués) dans des phrases (une phrase par mot) :**

savaient – reçues – projeter – essuyés – disparaître – photographier – chantait.

Plus tard

① **Écris les terminaisons : participes passés, infinitifs, verbes conjugués.**

De nombreux incendies ont été allum… par des imprudents. Pour économis… l'énergie, papa a baiss… la température de la maison. Il fais… trop chaud. Il est difficile de se déplac… dans la région où de nombreuses routes ont été coup… à cause de la neige qui recouvr… ce matin encore la campagne. Elle chant… tellement juste qu'il a décid… de la présent… à un concours de chant.

② **Emploie les verbes suivants (participes passés, infinitifs ou verbes conjugués) dans des phrases (une phrase par mot) :**

acheté – parcourrai – remplissaient – amusé – rentrer – déguisées – costumer.

ON/ONT – ET/EST – A/À – SON/SONT

MON CONTRAT — *Connaître la nature et la fonction de ces mots. Savoir les utiliser en les orthographiant correctement.*

J'EXPLORE

Claudine de Lyon
M.-C. Helgerson
p. 86

① **Où se passe l'action ? Qui est l'invité du dîner ?**

② **Lignes 1 à 98**
  [a] Relève les différents emplois du verbe AVOIR.
  [b] Relève les phrases dans lesquelles est employé le mot **à**. Est-ce le verbe AVOIR ? Explique.
  [c] Dans les emplois du verbe AVOIR, peut-on trouver **ont** ? Y est-il dans le texte ?
  [d] Relève les phrases dans lesquelles est employé le mot **on**. Est-ce le verbe AVOIR ? Explique.
  [e] Relève les différents emplois du verbe ÊTRE.
  [f] Relève les phrases dans lesquelles est employé le mot **son**. Est-ce le verbe ÊTRE ? Explique.

③ **À ton avis, comment pourrait-on faire pour ne pas confondre ces mots ?**

CE QUE JE DOIS SAVOIR

ON/ONT — EST/ET — A/À — SON/SONT

[1] **a** est la troisième personne du singulier du verbe **AVOIR** au présent. On peut le remplacer par **avait**.

à (avec accent) est une **préposition**, c'est un mot **invariable**.

*Il **a** (avait) aimé ce film. Tu vas **à** (avait) l'école.*

[2] **est** est la troisième personne du singulier du verbe **ÊTRE** au présent. On peut le remplacer par **était**.

et est une **conjonction de coordination**, invariable.

*Il **est** (était) en vacances. Paul **et** (était) Pierre sont frères.*

[3] **ont** est la troisième personne du pluriel du verbe **AVOIR** au présent. On peut le remplacer par **avaient**.

on est un pronom indéfini sujet. On peut le remplacer par **il**.

*Elles **ont** (avaient) gagné. **On** (il) arrive !*

[4] **sont** est la troisième personne du pluriel du verbe **ÊTRE** au présent. On peut le remplacer par **étaient**.

son est un adjectif possessif déterminant.

*Ils **sont** (étaient) les meilleurs. **Son** (étaient) nez est trop long.*

Compris

JE M'ENTRAÎNE

① **Complète par** a **ou** à :

Quand Pierre va … l'école, il … toujours du mal … prendre le bon chemin. Il sait pourtant qu'il doit tourner … droite, puis … gauche et encore … droite. Mais s'il n'… pas la chance de rencontrer un de ses camarades en cours de route, il se perd et se retrouve … l'autre bout de la ville, là où il n'… rien … faire.

② **Complète par** et **ou** est :

Marie … devenue une grande artiste. Son père … sa mère sont fiers d'elle, … ils la citent souvent en exemple. Aujourd'hui, elle … dessinatrice dans un grand journal, … gagne bien sa vie. Mais ses frères … sœurs sont un peu jaloux. Il … vrai qu'ils n'ont pas aussi bien réussi qu'elle. Tout cela … très normal : elle … restée à l'école plus longtemps qu'eux … a poursuivi de longues études.

③ **Complète par** on **ou** ont :

… sait que les enfants … les capacités pour découvrir la musique le plus tôt possible. Il faut donc qu'… leur donne la possibilité d'écouter toutes sortes d'œuvres et qu'… les aide à l'école à aller plus loin encore. Dès la naissance, ils … un sens auditif très développé, et s'ils … la chance qu'… les fasse vivre dans un milieu où … écoute beaucoup de musique, … leur permettra de prendre très vite beaucoup de plaisir à cet art.

④ **Complète par** son **ou** sont :

… père lui avait dit : Tes amis … à la campagne. Mais Pierre va passer te chercher avec … scooter. Avec … amie Alice, ils … comme frère et sœur. Ils ne se quittent jamais et … oncle en est un peu inquiet. Fais attention ! Ne t'approche pas trop de … chien. Il n'est pas commode. Et transmets nos amitiés à ses parents. Ce … de bons amis. … père et moi avons fait la guerre ensemble !

JE M'ÉVALUE

Tout de suite

① **Mets le bon mot :** a, à, et, est, on, ont, son, sont.

La pluie ... tombée ... ... rentré. Ils n'... rien dit. ... dit qu'une hirondelle ne fait pas le printemps. Les avions ... décollé, ... vu un pilote nous faire des signes ... travers ... hublot. Ils ... partis ... 8 heures ce matin avec ... automobile.

② **Rendez-vous à la page 90 de Nature à Lire :** (Marcel PAGNOL).

- Relève les phrases contenant **et**, **est**, **a** ou **à**.
- Réécris les phrases en remplaçant **est** par **était** et **a** par **avait**.

Plus tard

① **Mets le bon mot :** a, à, et, est, on, ont, son, sont.

... l'école, ... nous ... dit de venir avec une tenue blanche pour le spectacle. Les enfants ... préparé une fête. C'... la fin de l'école ..., ... travaille moins. Louis ... perdu ... ballon. Il s'... perché sur une branche de tilleul. Le directeur n'... pas content. Il dit que les enfants ... trop énervés.

② **Construis huit phrases contenant les mots** a, à, et, est, on, ont, son, sont **(un mot par phrase).**

SAIT — SAIS — C'EST — S'EST

MON CONTRAT *Connaître la nature et la fonction de ces mots. Savoir les utiliser en les orthographiant correctement.*

J'EXPLORE

Un papillon dans la cité
Gisèle Pineau
p. 206

① **Le facteur passe-t-il souvent chez la grand-mère ? Où habite cette famille ? Que raconte Man Ya ? Pourquoi ?**

② **Tout le texte**
 [a] Relève les phrases dans lesquelles est employé le verbe SAVOIR au présent.
 [b] Relève les phrases dans lesquelles est employé le verbe ÊTRE au présent.
 [c] Que constates-tu ?
 [d] Qu'est-ce qui différencie **sait** et **s'est** ? Explique.
 [e] Qu'est-ce qui différencie **s'est** et **c'est** ? Explique. Remplace les sujets des phrases par **je**. Que se passe-t-il ?

③ **À ton avis, comment pourrait-on faire pour ne pas les confondre ?**

CE QUE JE DOIS SAVOIR : SAIT — SAIS — S'EST — C'EST

[1] On écrit **s'est** quand on peut mettre le verbe à la **première personne du singulier**. **S'est** est **toujours placé devant** un **participe passé**.

*Il **s'est** avancé. → **Je me suis** avancé.*

[2] On écrit **c'est** quand on peut le remplacer par **voici**, par **cela est** ou par **ce sont** au pluriel.

***C'est** notre enfant. → **Voici** notre enfant. → **Ce sont** nos enfants.*
***C'est** dommage. → **Cela est** dommage.*

[3] **sait** est le verbe SAVOIR conjugué à la 3e personne du singulier du présent.

sais est le verbe SAVOIR conjugué à la 1re ou 2e personne du singulier du présent.

*Le coureur **s'est** fait mal ; **c'est** dommage : il ne **sait** pas s'il pourra continuer la course.*

JE M'ENTRAÎNE

① **Complète par** c'est, s'est, sais **ou** sait :

… en tombant qu'il … blessé. Il … toujours mieux que les autres ! Elle … allongée sur le canapé et … reposée. Je crois que tu … ce que ce mot veut dire. … très difficile d'apprendre cette langue. … un objet que je … faire de mes mains. La lune … levée et maintenant, … lumineux.

② **Même exercice que précédemment.**

… décidé, j'achète ce foulard. Il … que … perdu d'avance. Il … mis dans la tête que ses chances étaient bien maigres, et il … abstenu de participer. Tu … ta leçon, … certain, mais as-tu bien compris ? Je n'en … trop rien moi-même. … incroyable, il ne … même pas fatigué ! Il … contrôler ses efforts.

③ **Utilise les mots** c'est, s'est **et** sait **(ou** sais**) dans trois phrases (un mot par phrase).**

④ **Rendez-vous à la page 170 de Nature à Lire :** *(lignes 33 à 84).*

• Relève toutes les phrases dans lesquelles sont employés **c'est** ou **s'est**. Applique la règle ci-contre. Fais les transformations indiquées dans les exemples de la règle.

JE M'ÉVALUE

Tout de suite

① **Mets le(s) verbe(s) de ces phrases à la 3ᵉ personne du singulier et fais toutes les modifications nécessaires :**

Je me suis cassé le bras. Tu t'es cogné la tête. Nous nous sommes renseignés à son sujet. Nous savons qu'ils sont de bons ouvriers. Vous vous êtes allongées sur le divan. Ils se sont retrouvés tout seuls. Vous savez de qui je veux parler. Nous nous sommes reposés à la campagne.

② **Complète par** c'est, s'est **ou** sait **(ou** sais**) :**

Je … ce que tu veux me dire. … mieux de me le dire tout de suite. Il … trompé de jour, … demain que nous partons. Il … excusé, … mieux ainsi. Je … maintenant que … impossible de te joindre le soir. Tu …, vivement que ces vacances se terminent. Je suis content car … la rentrée.

Plus tard

① **Remplace les verbes en italique par** c'est **ou** s'est **et fais toutes les modifications nécessaires dans la phrase :**

Ce *sont* nos enfants. Comment se *sont*-ils comportés ? Ils se *sont* occupés et ne se *sont* pas ennuyés. Ce *sont* nos voisins qui se *sont* proposés pour garder nos enfants. Ce *sont* des gens charmants. Il se *sont* vite habitués à ce nouveau quartier. Maman dit que ce *sont* des Parisiens qui se *sont* volontairement exilés à la campagne.

② **Écris un petit texte de six phrases. Chacune d'elle devra comporter deux des mots** c'est, s'est, sait **(ou** sais**).**

C'est papa qui *sait* où nous allons.

TOUT — TOUTE — TOUS — TOUTES

MON CONTRAT *Connaître les différents accords possibles du mot **tout**. Savoir les réinvestir dans un projet d'écriture.*

J'EXPLORE

Les Rubipèdes
Iturria
p. 60

① **Quel type d'écrit avons-nous ici ? À quel sport jouent les personnages ? Explique ce qui arrive au personnage dans le dernier dessin ?**

② **Pages 60 et 61**
   [a] Relève les différents emplois des mots **tout**, **toute**, **tous**, **toutes**. Réécris les phrases.
   [b] Dans ces phrases, cherche comment les mots s'accordent. Quelle est leur nature ?
   [c] Peut-on remplacer les mots **tout**, **toute**, **tous**, **toutes** par d'autres mots ? Donne des exemples.
   [d] Dans quels cas a-t-on accordé **tout** ? Explique.

③ **Essaie de définir dans quel(s) cas** tout **est invariable et dans quel(s) cas il s'accorde.**

CE QUE JE DOIS SAVOIR

TOUT — TOUTE — TOUS — TOUTES

[1] **tout** **déterminant** s'accorde avec le nom qu'il accompagne.

> **tout** le monde   **toute** la ville
> **tous** les enfants   **toutes** les filles

[2] **tout** **pronom** s'écrit **tous** au masculin pluriel (le **s** final s'entend à l'oral) → Ils sont **tous** là.

[3] **tout** devant un adjectif qualificatif est le plus souvent un **adverbe**, (tout : très, complètement, entièrement...), donc **invariable**.

> Il est **tout** ému.   Ils sont **tout** émus.
> Elle est **tout** émue.   Elles sont **tout** émues.

Exceptions : on accorde **tout** (en **toutes** ou **toute**) devant les adjectifs qualificatifs féminins **commençant par une consonne ou un h aspiré**.

> Ils sont **tout** pâles. Elle est **toute** pâle. Elles sont **toutes** pâles.

JE M'ENTRAÎNE

① **Remplace** tout, tous, toute, toutes **par** très **quand c'est possible :**

Je connais **tous** ces articles. L'oiseau est **tout** guilleret. Il y va **toutes** les fois que c'est possible. Elle semble **toute** heureuse. **Tout** va bien. Ils sont **tous** là. **Toute** la journée, il a travaillé. **Tout** le monde doit sortir. Vous êtes **tout** tristes.

② **Complète par** tout, toute, toutes :

Les enfants étaient … contents de leur aventure. Dans les villes modernes, les rues sont … droites. … penauds, les chasseurs rentrent bredouilles. Après la guerre, ces maisons ont été … détruites. C'est une fillette … blonde, … belle, qui s'avança … heureuse. Je te sens … crispée.

③ **Écris les phrases que tu obtiens.**

Il faut apporter — tout / toute / tous / toutes — tes livres de classe. / vos crayons de couleur. / vos affaires de piscine. / ta collection de porte-clés. / votre matériel de pêche.

④ **Rendez-vous à la page 76 de Nature à Lire :** (lignes 1 à 68).

• Relève toutes les phrases dans lesquelles le mot **tout** est employé. Indique s'il s'agit d'un déterminant ou d'un pronom.

JE M'ÉVALUE

Tout de suite

① **Complète avec tous ou toutes puis transforme suivant l'exemple :**

(fraises) Je les mangerai **toutes**. → (les gâteaux) Je les mangerai **tous**.

À toi :
(mes amis) Je vous attends … . → (mes amies) …
(nos affaires) Nous les prendrons … . → (nos livres) …
(les invitées) Nous vous garderons … à dîner. → (les invités) …
(mes frères) Vous viendrez … avec moi. → (mes sœurs) …

② Tout ? Toutes ? Tous ? Toute ?

Complète :

… la journée – … le temps – … les jours – … la vie – … tes affaires – … le film – … leur famille – … vos habits – … l'année – … les maisons – … cette histoire – … leurs voitures.

Plus tard

① **Transforme en tenant compte des modifications proposées :**
Ce sont de toutes petites **filles**. → (garçons) Ce sont de tout petits garçons.

À toi :
Toutes les **petites** ont reçu un livre. → (petits) …
Voici la toute dernière **édition**. → (tirage) …
Il est tout engourdi par le froid. → (Elle) …
Toute **la foule** était rassemblée. → (le monde) …
Ce sont les toutes dernières **revues**. → (ouvrages) …
Toutes leurs **affaires** sont sales. → (vêtements) …

② **Construis un texte de quatre phrases en employant les mots tout,** tous, toute, toutes **(un mot par phrase).**

LEUR — LEURS

MON CONTRAT — *Identifier ces mots, savoir les reconnaître et les utiliser.*

J'EXPLORE

C'est le chien
Jules Renard
p. 182

① **Qu'arrive-t-il au chien Pyrame lorsqu'il aboie ? Que fait Poil de carotte ? Comment s'y prend-il pour tricher ?**

② **Tout le texte**
  [a] Relève les phrases dans lesquelles sont employés les mots **leur** et **leurs**.
  [b] Lequel accompagne un groupe nominal ? Lequel complète un verbe ?
  [c] Lequel marque la possession ? Dans quel cas **leur** s'accorde-t-il ?
  [d] Cherche la nature de ces mots.

③ **Essaie de trouver une règle qui définisse l'accord du mot** leur.

CE QUE JE DOIS SAVOIR — LEUR — LEURS

[1] **leur** placé **devant un verbe** est un **pronom personnel**.
Il complète le verbe. C'est le pluriel de **lui**. Il reste **invariable**.

> Il **leur** chanta une chanson.
> Nous **leur** chantons une chanson.
> J'invite mes amis, je **leur** offre le repas.

[2] **leur** placé dans un **groupe nominal** est un **adjectif possessif**.
Il s'accorde avec le **nom** qu'il détermine. Il exprime la possession.

> **Leur** vêtement est trop chaud.
> **Leurs** vêtements sont trop chauds.
> Ils attendent **leurs** notes avec impatience.

JE M'ENTRAÎNE

① **Complète par** leur **ou** leurs **:**

Ils ont perdu ... billes. Elles ont rangé ... bagues dans le coffret. Jacques ... chanta une chanson. J'ai apporté un cadeau pour ... bébé. Il faut ... dire de venir. Les lapins se sont endormis dans ... clapiers. Nous avons reçu ... colis. Il ... est arrivé une curieuse aventure. Je ... ai montré les photos. Il ... tient tête.

② **Mets au pluriel :** lui → leur / leur → leurs. **Fais tous les accords nécessaires.**

Je **lui** ai dit de ranger sa chambre. Ils se promènent avec **leur** ami. Elle **lui** prit la main. Maman **lui** donna une pièce de 10 francs. Il essaya de **lui** trouver une solution. Ont-ils terminé la réparation de **leur** voiture ? Papa **lui** mit son gros anorak. Les musiciens accordent **leur** instrument. **Leur** canari siffle merveilleusement bien.

③ **Complète suivant l'exemple :**

la classe des élèves de 6ᵉ → leur classe

À toi :
l'anniversaire des filles → ...
les jouets des enfants → ...
les valises et les sacs des voyageurs → ...
l'année scolaire des enfants → ...
les chaussures des garçons → ...
les livres de Paul → ...

④ **Rendez-vous à la page 73 de Nature à Lire :** (lignes 47 à 143).

• Lis le texte. Relève les phrases dans lesquelles sont employés **leur** ou **leurs**. Dis à chaque fois s'il s'agit d'un pronom personnel ou d'un adjectif possessif. Mets les phrases au singulier (si elles sont au pluriel) ou au pluriel (si elles sont au singulier).

JE M'ÉVALUE

Tout de suite

① **Complète par** leur **ou** leurs :

Ils ... montrent le chemin. Le spectacle ... parut fantastique. Où passent-ils ... vacances ? ... chat a attrapé une souris. Il ... a menti. Tu ... lances le ballon. Elle s'occupe de ... enfants. Je ne veux pas ... donner la permission. Tu as gagné ... billes. Je le ... ai proposé.

② **Mets au pluriel les phrases suivantes (attention aux mots en italique) :**

Rapporte-*lui* ses affaires ! Il *lui* dit bonjour. *Leur* vin est le meilleur. Je le *lui* ai fait remarquer. *Leur* invention a été réussie. Il *lui* vient de drôles d'idées. Je *lui* trouve un drôle d'air. Je vais te donner *leur* adresse.

Plus tard

① **Complète par** leur **ou** leurs :

Il ... faut bien une heure pour arriver. J'aurais préféré ... rendre visite demain plutôt que d'apporter ... cadeaux aujourd'hui. ... chien préfère se reposer sur ... genoux. Comme ils étaient malades, tu iras ... porter ... devoirs et ... leçons. Ils les ... faut !

② **Écris trois phrases avec** leur **(pronom personnel),** leur **(adjectif possessif singulier),** leurs **(adjectif possessif pluriel), (un mot par phrase).**

QUEL — QUELS — QUELLE — QUELLES
QU'ELLE — QU'ELLES

MON CONTRAT — *Identifier le genre et le nombre de ces mots. Savoir les reconnaître et les utiliser.*

J'EXPLORE

La sorcière de la rue Mouffetard
Pierre Gripari
p. 130

① **Qu'y avait-il (une fois) dans le quartier des Gobelins ? Que propose le *Journal des sorcières* ? Et que décide de faire la sorcière ? Comment va s'en sortir la petite fille ?**

② **Tout le texte**
   [a] Relève les phrases dans lesquelles sont employés les mots **qu'elle** et **quelle**.
   [b] Indique le genre et le nombre de ces mots. Quelle est leur nature ?
   [c] Lignes 33 et 34 : Remplace **elle** par **il**. Que remarques-tu ?
   [d] Ligne 136 : Remplace **chanson** par **chant**. Que remarques-tu ?
   [e] Qu'y a-t-il forcément derrière **qu'elle** ? Qu'y a-t-il forcément derrière **quelle** ?

③ **À ton avis, que doit-on retenir sur l'emploi de ces mots ?**

CE QUE JE DOIS SAVOIR

QUEL — QUELS — QUELLE — QUELLES
QU'ELLE — QU'ELLES

[1] **quel** est un adjectif interrogatif ou exclamatif qui s'accorde en genre et en nombre avec le **nom** qu'il accompagne.

> *Quel beau voyage !* (masculin singulier)
>
> *Quelles sont tes qualités ?* (féminin pluriel)
>
> *Quels journaux lis-tu ?* (masculin pluriel)
>
> *Quelle chanson ?* (féminin singulier)

[2] **qu'elle(s)** est formé de la conjonction **que** et du pronom personnel **elle(s)**. **Qu'elle(s)** est le féminin de **qu'il(s)**. **Qu'elle(s)** peut être remplacé par **qu'il(s)** ou **que lui, qu'eux**.

> *Qu'elle est belle !* → *Qu'il est beau !*
>
> *Sitôt qu'elle fut partie…* → *Sitôt qu'il fut parti…*
>
> *Les autres arrivèrent en même temps qu'elle.* → *… en même temps que lui.*

JE M'ENTRAÎNE

① **Complète par** quel, quels, quelle, quelles, qu'elles **ou** qu'elle :

Marion attend … vienne. René demande … temps il fait à Bordeaux. Avec … amies sont-elles ? … bijoux superbes ! … belles fleurs ! Il me semble … n'ont pas de voiture. Dans … ville es-tu né ? … bel appartement ! Je veux … me le dise. Dites-moi … sont vos projets ?

② **Remplace les déterminants par** quel(s) **ou** quelle(s).

Exemple : des histoires → **quelles** histoires !

À toi :
une photo → …
des habitudes → …
un anniversaire → …
un artiste → …
des chaussettes → …
des outils → …
des moteurs → …
des inventions → …

③ **Mets les phrases suivantes au féminin (pense à tous les changements possibles) :**

Qu'il est fort ! Est-ce qu'il est là ? Je veux qu'il vienne me voir. Est-ce qu'il a raison ? Je crois qu'il dit la vérité. Il ne faut pas qu'ils tombent. Qu'ils sont grands ! Je crois qu'il ne me connaît pas. Ils ont eu un accident parce qu'ils allaient trop vite. Dis-moi ce qu'il veut.

④ **Rendez-vous à la page 206 de Nature à Lire :** *(sur tout le texte)*.

• Cherche toutes les phrases dans lesquelles on emploie les mots **quel(s)**, **quelle(s)**, **qu'elle(s)**. Mets-les au masculin (quand elles sont au féminin) et au féminin (quand elles sont au masculin).

JE M'ÉVALUE

Tout de suite

① **Complète avec** quel, quels, quelle, quelles, qu'elle **ou** qu'elles, **puis réécris les phrases en passant du singulier au pluriel ou du pluriel au singulier :**

… bonne idée ! … jolis tableaux ! … bon musicien ! … histoire amusante ! … belle maison ! … beau garçon ! … belles filles ! … travail intéressant ! … beaux paysages !

② Quelle(s) **ou** qu'elle(s) **?**
Complète :

La route … ont suivie conduit à la plage. On cherche … sont les causes de l'accident … ont provoqué. … merveilleuses découvertes ! J'espère … va donner un beau spectacle ! … sont les équipes engagées ? Dans … partie de la France allez-vous ? Il suffit … vienne avec moi.

Plus tard

① **Mets les phrases au féminin :**

J'attends qu'il parte. Qu'il est lent à prendre sa décision ! Quel beau chien ! Qu'ils partent ou qu'ils restent, ce n'est pas grave ; dis-leur qu'ils ne me dérangent pas. Qu'il est courageux ! Quel affreux singe ! Je ne savais pas qu'il était avec toi. Qu'ils sont calmes ! Quels gentils garçons !

② **Construis six phrases en employant les mots :** quel, quels, quelle, quelles, qu'elle, qu'elles **(avec un mot par phrase).**

SE — CE

MON CONTRAT — *Identifier **se** et **ce**. Connaître leur nature et leur fonction. Savoir les utiliser.*

J'EXPLORE

① **De quoi est-il question dans ce texte ? Qui s'appelle Hugo ? Qui était Bonne Maman ? Raconte son histoire.**

Hugo le terrible
Maryse Condé
p. 194

② **Tout le texte**
  [a] Relève les phrases dans lesquelles sont employés les mots **se** ou **ce**.
  [b] Quels sont les mots **se** ou **ce** que tu peux remplacer par **me** ou **te** ?
  [c] Quels sont les mots **se** ou **ce** que tu peux remplacer par **le** ou **cela** ?
  [d] Relève les verbes pronominaux employés dans ce texte. Qu'est-ce qui les caractérise ?

③ **À la lumière de ce que tu viens de découvrir, cherche une règle qui permettrait de ne pas confondre** se **et** ce.

CE QUE JE DOIS SAVOIR

SE — CE

[1] **ce** **adjectif démonstratif** peut être remplacé par **cette** au féminin. Il est **toujours** placé **devant** un **nom** ou un **groupe nominal**.

> *Où mène **ce** chemin ?* → *Où mène **cette** route ?*

[2] **ce (c')** **pronom démonstratif** peut être remplacé par **cela**.

> ***C'**est un chemin rapide.* → ***Cela** est un chemin rapide.*
>
> ***Ce** sont des voitures rapides.*

[3] **se (s')** est un **pronom personnel** complément de la 3e personne (singulier ou pluriel) qui **précède le verbe**. Il peut être remplacé par **me** ou **te**.

> *Il **se** trompe de route.* → *Je **me** trompe de route.*
>
> *On **se** dépêche.* → *Je **me** dépêche.*

JE M'ENTRAÎNE

① **Complète par se ou ce, s' ou c' :**

Elle … pencha légèrement par la portière. Il … retrouva à l'autre bout du jardin. Où as-tu acheté … ballon ? … tiroir est fermé à clef. Papa … sentit soudainement très malade. Comme … chien est gros ! J'admire le talent de … musicien. Il … mit à aboyer très fort. Maman … dirigea vers le marché. Comme … est beau !

② **Même exercice que le précédent.**

Mon père … rappelle … qu'il a vu, … qu'il a observé. Paul … demande … qu'il va dire et … qu'il va faire. Si … qu'on lui propose ne correspond pas à son attente, … chien … 'en ira. …'est mieux comme cela.

③ **Transforme suivant l'exemple :**

C'est une maison abandonnée. → **Ce** sont des maisons abandonnées.

À toi :
Ce sera une année difficile. → …
C'est un souvenir inoubliable. → …
Ce fut une journée pluvieuse. → …
C'était une amie fidèle. → …
Ce sont de grands enfants. → …

④ **Rendez-vous aux pages 170 à 175 de Nature à Lire.**

• Relève les phrases employant le mot **se** (ou **s'**) ou le mot **ce** (ou **c'**). Mets-les au pluriel (si elles sont au singulier) au singulier (si elles sont au pluriel). Donne la nature de **se** et de **ce**.

JE M'ÉVALUE

Tout de suite

① Écris les phrases suivantes au singulier :

Ces desserts sont appétissants. → ...
Ces buvards sont à moi. → ...
Ces lacs gèlent en hiver. → ...
Ces harengs sont trop salés. → ...
Les cigales doivent être dans ces pins. → ...

② Écris les verbes aux 3ᵉ personnes du singulier et du pluriel :

Nous nous sommes levés. → ...
Je me suis bien amusée. → ...
Vous vous êtes trompés de porte. → ...
Il s'est bien compliqué la vie. → ...

Plus tard

① Complète par se, ce, s', c' **:**

Les joueurs ... rassemblent avant le début du match. Je crois ... que vous me dites. Le client ... attend à ... que vous lui fassiez ... cadeau. ... que Nostradamus a prédit ... produira. Dis-moi ... à quoi tu penses. Il ... demande ... qu'il va bien pouvoir faire.

② Construis cinq phrases renfermant à la fois ce **et** se **et cinq phrases renfermant à la fois** c' **et** s'**.**

CONJUGAISON

Les Groupes de Verbes

Mon Contrat *Savoir reconnaître le groupe d'un verbe. Connaître les trois groupes de verbes.*

J'explore

① **Où se trouve l'auteur ? Qui dérange-t-il à son arrivée ? À quel spectacle assiste-t-il ? Apprécie-t-il ce lieu ? Pourquoi ?**

Installation
Alphonse Daudet
p. 72

② **Lignes 1 à 37**
   [a] Relève les verbes de toutes les phrases.
   [b] Classe-les en verbes conjugués et verbes à l'infinitif.
   [c] Comment se terminent les verbes à l'infinitif ? Essaie de les classer.
   [d] Mets tous les verbes conjugués à l'infinitif et classe-les avec ceux du [c], suivant leur terminaison.
   [e] Que faire des verbes (auxiliaires) ÊTRE et AVOIR ?

③ **La terminaison d'un verbe conjugué permet-elle d'en trouver le groupe ? Explique.**

CE QUE JE DOIS SAVOIR — LES GROUPES DE VERBES

[1] Les verbes en **-ER** sont du **1er groupe : habiter, chauffer, détaler…**

Rappel : La 1re personne du singulier du présent de l'indicatif de ces verbes du 1er groupe se termine toujours par e.

j'habite, je chauffe, je détale…

[2] Les verbes en **-IR**, dont le participe présent est en **-issant**, sont du **2e groupe : finir** (finissant), **envahir** (envahissant)…

Rappel : La 1re personne du singulier du présent de l'indicatif de ces verbes du 2e groupe se termine toujours par s.

j'envahis, je finis…

[3] Tous les autres verbes sont du **3e groupe : voire, croire, mentir, faire, reconnaître, mettre…**

Rappel : Les verbes en **-OIR** s'écrivent **OIR** sauf **boire, croire, accroire**.

Les verbes en **-UIRE** s'écrivent **-UIRE** sauf **fuir** et **s'enfuir**.

Quelques verbes s'écrivent **-IRE** : **lire, écrire, rire, suffire, sourire…**

JE M'ENTRAÎNE

① **Indique après chaque phrase, le groupe et l'infinitif du verbe conjugué.**

Je dors. Je souris. Je nourris. Je pars. Je vends. Je joue. Je lis. Je cherche. Je m'aperçois. Je trouve.

② **Sont-ils du 2ᵉ groupe ou du 3ᵉ groupe ? Fais un tableau.**

partir – épanouir – réussir – salir – fuir – cueillir – offrir – s'évanouir – parcourir – épaissir.

③ **Complète par un verbe du groupe indiqué. Conjugue-le au présent de l'indicatif.**

On .... la bonne cuisine (1ᵉʳ gr.). Le castor .... sa hutte (2ᵉ gr.). Maman .... sa robe (2ᵉ gr.). Le voyageur .... le train (3ᵉ gr.). Le musicien .... le public (1ᵉʳ gr.). Le public .... le musicien (2ᵉ gr.). Papa .... la boîte de conserve (3ᵉ gr.). Il .... un trésor (3ᵉ gr.). Paul .... vite (2ᵉ gr.). Le médecin .... Paul (1ᵉʳ gr.).

④ **Rendez-vous à la page 33 de Nature à Lire :** *(Le pont de Normandie).*

- Relève tous les verbes. Mets-les à l'infinitif et classe-les en trois groupes.

⑤ **Rendez-vous à la page 170 de Nature à Lire :** *(Le journal d'Adèle).*

- Relève tous les verbes et classe-les dans le tableau ci-dessous.

	1ᵉʳ groupe	2ᵉ groupe	3ᵉ groupe
infinitif			
conjugaison			

JE M'ÉVALUE

Tout de suite

① **Indique le groupe des verbes conjugués suivants :**

Je vais. Je viens. J'expédie. J'applaudis. J'accueille. Je souffre. Je vérifie. Je multiplie. Je guéris. Je pâlis. Je rougis. Je rectifie.

② **Mets la terminaison de l'infinitif des verbes suivants :**

ri... – prévois... – remu... – choisi... – fuir... – boir... – pass... – tri... – vend... – détrui... – écrir... – sali... .

Plus tard

① **Dans le texte suivant, relève les verbes et indique leur groupe.**

L'entreprise construit un pont. C'est un viaduc. Il franchit le grand canal. Les bateaux passeront dessous. L'automobiliste devra parcourir deux kilomètres pour aller d'une berge à l'autre. Il faut payer 10 francs pour avoir le droit de traverser.

② **Écris un texte de six phrases comprenant deux verbes du 1er groupe, deux verbes du 2e groupe et deux verbes du 3e groupe (un verbe par phrase).**

③ **Rendez-vous à la page 198 de Nature à Lire :** *(La griffe du jaguar).*

- Relève uniquement les verbes du 3e groupe et donne leur infinitif.

LE PRÉSENT DE L'INDICATIF
(VERBES DES 1ER ET 2E GROUPES)

MON CONTRAT

Connaître le rôle du présent de l'indicatif et savoir conjuguer les verbes des 1er et 2e groupes.

J'EXPLORE

① **Quel est le problème majeur du loup ? Quand se situe l'action de ce texte : passé ? présent ? futur ?**

Leur rencontre
Daniel Pennac
p. 144

② **Lignes 1 à 25**
  [a] Relève les différents verbes conjugués et non conjugués.
  [b] Donne leur infinitif et classe-les par groupes.
  [c] Conjugue-les tous à la première personne du singulier. Que remarques-tu ?
  [d] Essaie de les classer suivant leur terminaison.
  [e] Fais le même travail de la ligne 23 à 57.

③ **L'auteur utilise d'autres temps que celui que tu as relevé ? Pourquoi ?**

CE QUE JE DOIS SAVOIR

LE PRÉSENT DE L'INDICATIF
(1ᵉʳ ET 2ᵉ GROUPES ET AUXILIAIRES*)

[1] Le **présent de l'indicatif** indique une **action qui se produit au moment où l'on parle**.

Marcher *(1ᵉʳ gr.)*
Je marche
Tu marches
Il, elle marche
Nous marchons
Vous marchez
Ils, elles marchent

Bouger *(1ᵉʳ gr.)*
Je bouge
Tu bouges
Il, elle bouge
Nous bougeons
Vous bougez
Ils, elles bougent

Finir *(2ᵉ gr.)*
Je finis
Tu finis
Il, elle finit
Nous finissons
Vous finissez
Ils, elles finissent

Gémir *(2ᵉ gr.)*
Je gémis
Tu gémis
Il, elle gémit
Nous gémissons
Vous gémissez
Ils, elles gémissent

Être
Je suis
Tu es
Il, elle est
Nous sommes
Vous êtes
Ils, elles sont

Avoir
J'ai
Tu as
Il, elle a
Nous avons
Vous avez
Ils, elles ont

Attention
lancer :	nous lançons	
changer :	nous changeons	
payer :	je paie ou je paye	
Jeter :	je jette	nous jetons
appeler :	j'appelle	nous appelons
acheter :	j'achète	nous achetons

* Voir tableaux pages 186 à 189.

JE M'ENTRAÎNE

① **Complète avec le pronom personnel qui convient :**

... tombe ... avez ... chantes ... suis ... crie
... réussissons ... finit ... grandissent ... rougis ... finissez
... sommes ... mangent ... as ... vont ... êtes

② **En t'aidant du tableau CE QUE JE DOIS SAVOIR, conjugue les verbes suivants au présent de l'indicatif :**

plonger – pâlir – changer – ralentir – chercher – applaudir.

③ **Conjugue les verbes au présent.**

J'(observer) le coucher du soleil. Je (grandir) plus vite que toi. Tous les enfants (manger) de la glace ? Le loup (regarder) le garçon. Il (être) étonné. Pourquoi (aller)-t-il toujours devant cette cage ? Il m'(énerver), pense le loup. (Finir)-en ! lui dit-il.

④ **Rendez-vous à la page 130 de Nature à Lire.**

- Réécris le passage des lignes 18 à 43 en mettant les verbes au présent.

⑤ **Rendez-vous à la page 50 de Nature à Lire.**

- Relève tous les verbes des 1er et 2e groupes et conjugue-les à la deuxième personne du singulier du présent de l'indicatif.

JE M'ÉVALUE

Tout de suite

① **Conjugue les dix verbes à la 2ᵉ personne du singulier du présent :**

rentrer – commencer – bondir – bouger – amortir – lancer – adoucir – frapper – hésiter – guérir.

② **Complète au présent :**

Elle pens… . Nous finiss… . Le nuage assombri… le ciel. Tu bruni… . Nous coup… . Ils bondis… . Je salu… . Il démoli… . Tu jou… . Elle choisi… .

Plus tard

① **Conjugue les dix verbes à la 3ᵉ personne du pluriel du présent :**

emplir – déjeuner – laisser – être – pétrir – démolir – lutter – déménager – saisir – remuer.

② **Conjugue la phrase suivante à toutes les personnes du présent :**

Je saute – bondis – crie – pleure et tire la langue au loup – puis j'hésite et je déguerpis le plus vite possible.

③ **Conjugue les verbes suivants à la 1ʳᵉ personne du pluriel et à la 2ᵉ personne du singulier du présent :**

acheter – peler – jeter – lacer – manger – appeler – clouer – payer – interpeller – essayer.

LE PRÉSENT DE L'INDICATIF
(VERBES DU 3ᴱ GROUPE)

MON CONTRAT — *Connaître le rôle du présent de l'indicatif et savoir conjuguer les verbes du 3ᵉ groupe.*

J'EXPLORE

Marius
Marcel Pagnol
p. 82

① **Que font les quatre personnages de cette pièce ? Quel est le problème d'Escartefigue ? Comment fait César pour tricher ?**

② **Tout le texte**
  [a] Relève les différents verbes utilisés ici.
  [b] Donne leur indicatif et classe-les par groupes.
  [c] Prends les verbes du 3ᵉ groupe et conjugue-les à toutes les personnes.
  [d] Quand a lieu l'action de cette pièce ? hier ? aujourd'hui ? demain ? Justifie ta réponse.
  [e] Peux-tu faire des classements avec ces verbes du 3ᵉ groupe ?

③ **L'auteur utilise-t-il d'autres temps que le présent ? Donne des exemples et explique.**

à revoir —

CE QUE JE DOIS SAVOIR

LE PRÉSENT DE L'INDICATIF (3ᵉ GROUPE)*

[1] Le **présent de l'indicatif** indique une **action qui se produit au moment où l'on parle**.

Reprendre

Offrir (3ᵉ gr.)	**Prendre** (3ᵉ gr.)	**Croire** (3ᵉ gr.)	**Battre** (3ᵉ gr.)
J'off**re**	Je pren**ds**	Je croi**s**	Je bat**s**
Tu off**res**	Tu pren**ds**	Tu croi**s**	Tu bat**s**
Il, elle off**re**	Il, elle pren**d**	Il, elle croi**t**	Il, elle ba**t**
Nous off**rons**	Nous pren**ons**	Nous croy**ons**	Nous batt**ons**
Vous off**rez**	Vous pren**ez**	Vous croy**ez**	Vous batt**ez**
Ils, elles off**rent**	Ils, elles prenn**ent**	Ils, elles croi**ent**	Ils, elles batt**ent**

Faire (3ᵉ gr.)	**Pouvoir** (3ᵉ gr.)	**Peindre** (3ᵉ gr.)	**Fuir** (3ᵉ gr.)
Je f**ais**	Je p**eux**	Je pein**s**	Je fui**s**
Tu f**ais**	Tu p**eux**	Tu pein**s**	Tu fui**s**
Il, elle f**ait**	Il, elle p**eut**	Il, elle pein**t**	Il, elle fui**t**
Nous f**aisons**	Nous pouv**ons**	Nous peign**ons**	Nous fuy**ons**
Vous f**aites**	Vous pouv**ez**	Vous peign**ez**	Vous fuy**ez**
Ils, elles f**ont**	Ils, elles peuv**ent**	Ils, elles peign**ent**	Ils, elles fui**ent**

* Voir tableaux pages 188 à 191.

JE M'ENTRAÎNE

① **Complète avec le pronom personnel qui convient :**

Tu/Je fends   nous rions   ils nuisent
il perd   vous correspondez   il boit
ils doivent   tu t'enduis   il extrait
nous entrevoyons   vous défaites   ils résolvent

② **En t'aidant du tableau CE QUE JE DOIS SAVOIR, conjugue les verbes suivants au présent de l'indicatif :**

César (battre) les cartes. Il les (couper). Il (prendre) un tas et (envoyer) les cartes à chacun des joueurs. Ils (boire) l'apéritif et (reprendre) la partie. Lorsque quelqu'un (interroger), César (répondre). Il (essayer) de tricher et (connaître) les cartes des autres.

• Réécris ce petit texte en remplaçant César (et il) par tu.

fait oralement.

③ **Rendez-vous à la page 50 de Nature à Lire :** (lignes 1 à 23).

• Réécris le passage des lignes 1 à 23 en mettant les verbes au présent.

④ **Rendez-vous à la page 164 de Nature à Lire.**

• Relève uniquement les verbes du 3e groupe. Puis, conjugue-les à la 1re personne du singulier et à la 3e personne du pluriel du présent de l'indicatif.

JE M'ÉVALUE

Tout de suite

① **Conjugue ces dix verbes à la 3ᵉ personne du singulier du présent de l'indicatif :**

revoir – construire – luire – soustraire – voir – mettre – cuire – poursuivre – comprendre – conduire – ranger – méditer.

② **Complète au présent de l'indicatif :**

Il reprodui… . Elle revoi… . Vous fai… .
Elles pond… . Je cou… . On aperç… .
Vous dev… . Tu pren… . Je croi… .
Ils fend… . Nous rang… . Elle me… .

Plus tard

① **Conjugue ces dix verbes à la 1ʳᵉ personne du singulier et à la 3ᵉ personne du pluriel du présent de l'indicatif :**

peindre – coudre – joindre – apprendre – lire – paraître – vouloir – admettre – mentir – poursuivre.

② **Conjugue les phrases ci-dessous à toutes les personnes du présent de l'indicatif :**

Le nageur ne craignait pas l'eau. Il plongea et rejoignit la bouée à toute vitesse. Il vit la petite fille, l'entoura d'un bras, et de l'autre, il fit de grandes brasses. Il atteignit enfin la berge, épuisé. Il étendit l'enfant et lui fit la respiration artificielle. Elle revint à la vie. Les gens qui l'entouraient l'applaudirent. Il répondit qu'il n'avait fait que son devoir.

L'IMPARFAIT DE L'INDICATIF

MON CONTRAT Connaître le rôle de l'imparfait et savoir conjuguer les principaux verbes.

J'EXPLORE

① **Qui est l'homme dont il est question ici ? Que cherche-t-il ? Quel est son état d'esprit ?**

Germinal
Émile Zola
p. 118

② **Lignes 1 à 42**
   [a] Relève les verbes conjugués.
   [b] Classe-les en deux catégories : ceux qui marquent un singulier, ceux qui marquent un pluriel.
   [c] Que constates-tu sur les terminaisons ?
   [d] Les actions sont-elles dans le présent ? le passé ? le futur ?
   [e] Conjugue-les tous au même temps (celui employé ici) à la première personne du singulier.
   [f] Quelle est la caractéristique essentielle de ce temps ?

③ **À ton avis, de quel temps s'agit-il ? Pourquoi ?**

CE QUE JE DOIS SAVOIR
L'IMPARFAIT DE L'INDICATIF*

[1] L'**imparfait** est le plus souvent employé pour exprimer **une action passée inachevée** (généralement de longue durée), qui se produit en même temps qu'une autre action passée. C'est le **temps de la description**.

[2] Terminaisons : À l'imparfait de l'indicatif, **tous les verbes de tous les groupes** se terminent par **-AIS, -AIS, -AIT, -IONS, -IEZ, -AIENT.**

[3] Formation : On conjugue le verbe au présent à la 2ᵉ personne du pluriel, on enlève la terminaison **-ONS** et on ajoute la terminaison de l'imparfait.

parler → nous parl(~~ons~~) + *ions* → nous parl**ions**
grandir → nous grandiss(~~ons~~) + *ions* → nous grandiss**ions**
faire → nous fais(~~ons~~) + *ions* → nous fais**ions**

Attention

copier :	je copi**ais**	nous copi**ions**
balayer :	je balay**ais**	nous balay**ions**
travailler :	je travaill**ais**	nous travaill**ions**
ranger :	je rangeais	nous rang**ions**
lancer :	je lançais	nous lan**c**ions

* Voir tableaux pages 186–187.

JE M'ENTRAÎNE

① **Conjugue à l'imparfait à la 1ʳᵉ personne du pluriel :**

rire – saigner – fuir – signer – voir – expédier – cueillir – gagner – réussir – comprendre.

② **Conjugue les verbes à l'imparfait.**

Les deux hommes (suivre) la grande route. Une seule idée (occuper) leur tête : ils (devoir) trouver du travail. Y en (avoir)-t-il encore ? À mesure qu'ils (marcher), ils (perdre) tout espoir. C'(être) par un petit matin brumeux, alors que le jour se (lever) à peine.

③ **Complète avec le pronom personnel qui convient :**

… chantait	… partiez	… perdais
… voulions	… avaient	… paraissaient
… sortions	… réussissais	… avais

④ **Rendez-vous aux pages 142 et 143 de Nature à Lire.**

• Réécris tous les verbes de ces deux pages à l'imparfait. Pour chacun d'eux, donne son groupe et son infinitif. Conjugue-les à la 1ʳᵉ personne du pluriel.

⑤ **Rendez-vous à la page 144 de Nature à Lire :** *(lignes 1 à 25)*.

• Réécris tout ce passage à l'imparfait. Quels verbes ne peuvent pas être conjugués à l'imparfait ? Pourquoi ?

JE M'ÉVALUE

à la maison

Tout de suite

① **Conjugue les verbes à l'imparfait.**

Je (payer) une facture. Vous (fouiller) dans l'armoire. Pierre, Jacques et Alain (partir) en voyage. Elle (engloutir) tout ce qu'on lui (donner) à manger. C'(être) un spectacle exceptionnel ! Vous (perdre) toutes vos forces. Le ciel s'(obscurcir). Nos enfants (correspondre) ensemble. Tu (courir) plus vite que moi.

② **Conjugue ces dix verbes à la 3ᵉ personne du singulier et à la 3ᵉ personne du pluriel de l'imparfait :**

saluer – recevoir – tordre – surgir – venir – tomber – couper – tenir – rendre – rougir.

Plus tard

① **Conjugue la phrase ci-dessous à toutes les personnes de l'imparfait :**

Je marchais, m'arrêtais tous les dix mètres, fouillais dans ma poche et vérifiais si j'avais bien toujours mon argent dans ma poche, puis je franchissais le petit port et allais frapper à la porte du médecin.

② **Conjugue ces dix verbes à la 1ʳᵉ personne du singulier et à la 1ʳᵉ personne du pluriel de l'imparfait :**

parcourir – fuir – croire – agir – peindre – hésiter – grossir – aller – salir – mordre.

LE FUTUR SIMPLE DE L'INDICATIF

MON CONTRAT — Connaître le rôle du futur simple et savoir conjuguer les principaux verbes.

J'EXPLORE

Claudine de Lyon
M.-C. Helgerson
p. 86

① **Quel est le travail de Claudine ? Quels ordres doit-elle effectuer ? Que veut faire Claudine ? Pourquoi ?**

② **Lignes 53 à 65**
   [a] Relève les différents verbes conjugués.
   [b] Classe-les en deux catégories : les verbes conjugués au présent et les autres.
   [c] Que constates-tu sur les terminaisons des verbes qui ne sont pas conjugués au présent ?
   [d] Ces verbes conjugués du [c] indiquent-ils des actions qui se situent dans le passé ou dans le futur ?
   [e] Quelle est la caractéristique essentielle de ce temps ?

③ **À ton avis, de quel temps s'agit-il ? Pourquoi ?**

CE QUE JE DOIS SAVOIR — LE FUTUR SIMPLE DE L'INDICATIF*

[1] Le **futur** annonce un **fait (ou une action) à venir par rapport au moment où l'on parle**.

[2] Terminaisons : Au futur de l'indicatif, **tous les verbes de tous les groupes** se terminent par **-AI, -AS, -A, -ONS, -EZ, -ONT**.

[3] Formation : • 1ᵉʳ groupe, 2ᵉ groupe, 3ᵉ groupe en **-OIR, -IR, -UIR** : infinitif + terminaison.

*je (parler) + **ai** → je parler**ai***   *tu (finir) + **as** → tu finir**as***

• 3ᵉ groupe (autres) : infinitif sans le **-E** + terminaison.

*je (mettr)e̸ + **ai** → je mettr**ai***   *tu (perdr)e̸ + **as** → tu perdr**as***

Attention

faire :	je fer**ai**
être :	je ser**ai**
avoir :	j'aur**ai**
venir :	je viendr**ai**
aller :	j'ir**ai**
copier :	je copier**ai**

* *Voir tableaux pages 186 à 191.*

JE M'ENTRAÎNE

① **Conjugue au futur à la 1ʳᵉ personne du singulier :**

battre – manger – compter – tendre – conter – rompre – prendre – écrire – lutter – cuire.

② **Conjugue les verbes au futur.**

Qu'est-ce que tu (devenir) en grandissant ? Vous (aller) à l'usine. Non, j'(aller) à l'école, j'(apprendre) plein de choses. Il (falloir) que je vive comme maman. Personne ne nous (parler) plus. Ils (faire) réchauffer le repas. Est-ce que tu m'(aimer) encore ?

③ **Complète avec le pronom personnel qui convient :**

... gravira	... aiderez	... démoliront
... irez	... trouverai	... choisirons
... respectera	... joueront	

④ **Rendez-vous à la page 142 de Nature à Lire.**

• Réécris la chanson de Francis Lemarque au futur. Pour chacun des verbes, donne son groupe et son infinitif. Conjugue-les à la 3ᵉ personne du pluriel.

⑤ **Rendez-vous à la page 198 de Nature à Lire :** *(lignes 1 à 16)*.

• Réécris ce passage en commençant par : *Demain, la nuit…*

JE M'ÉVALUE

Tout de suite

① **Conjugue les verbes au futur.**

Nous (applaudir) le chanteur. Je vous (expédier) votre colis. Les glaces (fondre) à la fin de l'hiver. Tu (manger) avec tes amis. Vous me (montrer) le chemin. Ils lui (serrer) la main. J'(aller) avec toi et nous (dîner) ensemble. Je vous (raconter) mes histoires de vacances et nous (prendre) un verre.

② **Conjugue ces dix verbes à la 3ᵉ personne du singulier et à la 3ᵉ personne du pluriel du futur :**

rougir – effectuer – dormir – tremper – tordre – garder – servir – grossir – descendre – avertir.

Plus tard

① **Conjugue la phrase ci-dessous à toutes les personnes du futur :**

Quand tu (avoir) terminé, tu (aller) à la cuisine, tu (préparer) le repas puis tu (servir) à table ; ensuite tu n'(oublier) pas de faire la vaisselle et tu (tondre) la pelouse.

② **Conjugue ces dix verbes à la 1ʳᵉ personne du singulier et à la 1ʳᵉ personne du pluriel du futur :**

acheter – jeter – fendre – passer – coudre – faire – voir – mettre – envoyer – sentir.

Le Passé Simple de l'Indicatif

Mon Contrat Connaître le rôle du passé simple et savoir conjuguer les principaux verbes.

J'explore

Première farce
Marcel Pineau
p. 148

① **Quand se situe l'action de ce texte : passé ? présent ? futur ?**

② **Lignes 25 à 50**
   [a] Relève les verbes à l'imparfait.
   [b] À quel temps sont tous les autres verbes ?
   [c] Donne leur infinitif et classe-les par groupes.
   [d] Conjugue-les à toutes les personnes.
   [e] Essaie de les classer suivant leur terminaison.
   [f] Fais le même travail de la ligne 75 à 88.

③ **Pourquoi l'auteur n'utilise-t-il pas seulement l'imparfait ou seulement le passé simple dans ces deux passages ?**

CE QUE JE DOIS SAVOIR

LE PASSÉ SIMPLE DE L'INDICATIF

[1] On utilise le **passé simple** pour des **actions passées, soudaines, rapides, successives ou inattendues**.

Soudain, l'enfant trébucha, perdit l'équilibre et tomba.

[2] **Tomber** *(1ᵉʳ groupe)*
Je tomb**ai**
Tu tomb**as**
Il, elle tomb**a**
Nous tomb**âmes**
Vous tomb**âtes**
Ils, elles tomb**èrent**

Finir *(2ᵉ groupe)*
Je fin**is**
Tu fin**is**
Il, elle fin**it**
Nous fin**îmes**
Vous fin**îtes**
Ils, elles fin**irent**

Voir *(3ᵉ groupe)*
Je v**is**
Tu v**is**
Il, elle v**it**
Nous v**îmes**
Vous v**îtes**
Ils, elles v**irent**

Croire *(3ᵉ groupe)*
Je cr**us**
Tu cr**us**
Il, elle cr**ut**
Nous cr**ûmes**
Vous cr**ûtes**
Ils, elles cr**urent**

Venir *(3ᵉ groupe)*
Je v**ins**
Tu v**ins**
Il, elle v**int**
Nous v**înmes**
Vous v**întes**
Ils, elles v**inrent**

Être
Je f**us**
Tu f**us**
Il, elle f**ut**
Nous f**ûmes**
Vous f**ûtes**
Ils, elles f**urent**

Avoir
J'**eus**
Tu **eus**
Il, elle **eut**
Nous **eûmes**
Vous **eûtes**
Ils, elles **eurent**

Faire
Je f**is**
Tu f**is**
Il, elle f**it**
Nous f**îmes**
Vous f**îtes**
Ils, elles f**irent**

JE M'ENTRAÎNE

① **Complète avec le pronom personnel qui convient :**

… fis	… tombèrent	… mangeas
… trouva	… dîtes	… louâtes
… mîmes	… allai	… comprirent

② **En t'aidant du tableau CE QUE JE DOIS SAVOIR, conjugue les verbes suivants au passé simple :**

défaire – revenir – rouler – apercevoir – mettre – grandir.

③ **Conjugue les verbes au passé simple.**

Le rideau (se lever), les spectateurs (se taire) et un comédien (traverser) la salle. Un autre le (suivre). Les portes (claquer). Un bruit (surgir) des coulisses. Nous (rire) de bon cœur et (applaudir) à tout rompre.

④ **Rendez-vous à la page 10 de Nature à Lire.**

• Réécris le passage des lignes 20 à 26 en mettant les verbes au passé simple.

⑤ **Rendez-vous à la page 109 de Nature à Lire :** *(lignes 36 à 69).*

• Réécris tous les verbes de cette page au passé simple. Pour chacun d'eux, donne son groupe, son infinitif, puis conjugue-les à la 1re personne du singulier et à la 3e du pluriel.

JE M'ÉVALUE

Tout de suite

① **Conjugue ces dix verbes à la 3ᵉ personne du singulier du passé simple :**

courir – faire – grossir – aller – prendre – changer – retenir – être – avoir – écrire.

② **Complète au passé simple :**

Elle part… .　　　　Nous chant… .　　　　Vous trouv… .
Il pleur… .　　　　　Ils fin… .　　　　　　Elles travaill… .
Je parl… .　　　　　Tu cour… .　　　　　Je roug… .
On aperç… .

Plus tard

① **Conjugue ces dix verbes à la 1ʳᵉ personne du singulier et à la 3ᵉ personne du pluriel du passé simple :**

refaire – jeter – rougir – devenir – boire – vivre – tordre – mourir – copier – avoir.

② **Conjugue la phrase ci-dessous à toutes les personnes du passé simple :**

Je courus, trébuchai, me retins à une branche et réussis à éviter la chute.

IMPARFAIT ET PASSÉ SIMPLE

MON CONTRAT *Connaître l'imparfait et le passé simple. Savoir les employer dans un récit.*

J'EXPLORE

Premières disparitions
Christian Louis
p. 56

① **Que recherche Hippolyte ? De qui ne veut-il pas se faire remarquer ? Peux-tu imaginer ce qui va se passer ensuite ?**

② **Lignes 85 à 141**
- [a] Relève les verbes à l'imparfait.
- [b] Relève les verbes au passé simple.
- [c] Réécris les phrases dans lesquelles les deux temps sont utilisés.
- [d] Indique les verbes conjugués qui désignent des faits passés en train de s'accomplir et ceux qui désignent des faits passés complètement achevés.
- [e] Indique dans quel ordre ont lieu les actions.

③ **Comment ne pas confondre imparfait et passé simple ? Trouve une solution.**

CE QUE JE DOIS SAVOIR : IMPARFAIT ET PASSÉ SIMPLE

[1] L'**imparfait** et le **passé simple** sont des temps du **passé**.

[2] L'**imparfait** est le temps de la **description**. Il désigne des **actions passées en train de s'accomplir**.

Elle écartait le rideau de sa cuisine et mitraillait la rue.

[3] Le **passé simple** est le temps du **récit**. Il désigne des **actions passées (rapides, soudaines, successives) complètement achevées**.

Le vieux pénétra dans la cuisine.
Il dépassa Justin le facteur qui commençait juste sa tournée.

[4] Pour ne pas confondre imparfait et passé simple à la première personne du singulier, il suffit de mettre les verbes à la première personne du pluriel.

Alors que je marchais, je trébuchai.
Alors que nous marchions, nous trébuchâmes.

JE M'ENTRAÎNE

① Indique après chaque verbe s'il est à l'imparfait ou au passé simple.

Pendant que je chantais, je trouvai la solution. Je réussis à réparer le moteur pendant qu'il dormait. Mon voilier chavira alors que le vent ne soufflait pas. Elle sortait de sa maison quand le téléphone sonna.

② Écris les verbes entre parenthèses au temps qui convient.

J'(avoir) dix ans quand mes parents (acheter) leur maison. Papa la (restaurer) seul, et seulement lorsque tout (être) parfait, nous (avoir) le droit de visiter. Mais le soir même la tempête (se lever) et la toiture (s'envoler) alors que nous (dîner). Nous (avoir) très peur, mais maman nous (rassurer). Pendant quelques jours, alors que le soleil (briller), nous (vivre) à la belle étoile.

③ Conjugue ces dix verbes à la 1ʳᵉ personne du singulier de l'imparfait et à la 1ʳᵉ personne du singulier du passé simple :

chanter – pâlir – arrêter – perdre – être – finir – comprendre – mettre – faire – sentir.

④ Rendez-vous à la page 50 de Nature à Lire : *(lignes 1 à 73).*

• Cherche les phrases dans lesquelles le couple imparfait/passé simple est employé. Recopie-les. Mets-les au singulier (si elles sont au pluriel) ou au pluriel (si elles sont au singulier).

---

nous pâliss(ons) → *je pâlissais* → *je pâlis* 2ᵉ gr.
présent   *imp*   *cm le present*

je cour(ais) → *je courus*

JE M'ÉVALUE

Tout de suite

① **Écris les verbes suivants à la 1ʳᵉ personne du pluriel de l'imparfait et à la 1ʳᵉ personne du pluriel du passé simple :**

arriver – se souvenir – offrir – passer – produire – sortir – chercher – courir – écrire – lire.

② **Écris les verbes entre parenthèses au temps qui convient (imparfait ou passé simple).**

Je me (baigner) pendant que tu t'(occuper) des enfants. Nous (être) encore petits quand notre père (mourir). La voiture (tomber) en panne alors que j'(essayer) de la rentrer dans le garage. Il (pousser) un soupir de soulagement quand il (voir) sa mère qui (arriver) par le petit chemin. Il (éprouver) une joie immense et (partir) à sa rencontre.

Plus tard

① **Conjugue les dix verbes suivants à toutes les personnes de l'imparfait, puis du passé simple :**

se laver – défendre – obéir – trouver – vouloir – dire – prendre – apercevoir – se taire – nettoyer.

② **Écris un texte de cinq phrases. Chaque phrase devra contenir le couple imparfait/passé simple. Aide-toi de CE QUE JE DOIS SAVOIR.**

LES TEMPS COMPOSÉS DE L'INDICATIF
LE PASSÉ COMPOSÉ – LE PLUS-QUE-PARFAIT

MON CONTRAT   *Différencier temps simple et temps composé. Connaître le rôle du passé composé et celui du plus-que-parfait. Savoir conjuguer les principaux verbes.*

J'EXPLORE

① **Où vit l'auteur ? Qu'a-t-il trouvé à son arrivée ? Est-il seul ? Que pense-t-il de ce lieu ?**

Installation
Alphonse Daudet
p. 72

② **Lignes 1 à 37**
   [a] Relève les verbes conjugués.
   [b] Classe-les en deux catégories : ceux qui indiquent une action présente (qui sont au présent) et ceux qui indiquent une action passée.
   [c] Que constates-tu pour les verbes indiquant une action passée ?
   [d] Quelle est la caractéristique essentielle des temps qui marquent le passé ?
   [e] Comment sont formés ces temps ?

③ **Comment peut-on appeler ces temps du passé ? Fais des propositions.**

a étudier pour jeudi 16 mars —

CE QUE JE DOIS SAVOIR

LES TEMPS COMPOSÉS DE L'INDICATIF
LE PASSÉ COMPOSÉ – LE PLUS-QUE-PARFAIT

[1] Un **verbe conjugué** à un temps composé est au **participe passé**. C'est l'auxiliaire **AVOIR** ou **ÊTRE** qui a les marques de la conjugaison : **présent (passé composé), imparfait (plus-que-parfait)**.

[2] Le **passé composé** se forme avec l'auxiliaire **ÊTRE** ou **AVOIR** conjugué au présent et le participe passé du verbe.

La neige est tombée cette nuit.   Tu as cherché longtemps.

[3] Le **plus-que-parfait** se forme avec l'auxiliaire **ÊTRE** ou **AVOIR** conjugué à l'imparfait et le participe passé du verbe.

Tu étais arrivé(e) en retard. Elles avaient souri.

Passé Composé **Chanter** *(1ᵉʳ gr.)*	**Plus-que-Parfait** **Venir** *(3ᵉ gr.)*
J'ai chanté	J'étais venu(e)
Tu as chanté	Tu étais venu(e)
Il, elle a chanté	Il, elle était venu(e)
Nous avons chanté	Nous étions venu(e)s
Vous avez chanté	Vous étiez venu(e)s
Ils, elles ont chanté	Ils, elles étaient venu(e)s

avoir – j'ai eu
être – j'ai été

j'avais eu
j'avais été

JE M'ENTRAÎNE

① **Avec les expressions suivantes, forme des phrases en conjuguant les verbes à la 1re personne du singulier du passé composé et à la 2e personne du pluriel du plus-que-parfait :**

danser une valse – applaudir à tout rompre – partir en voyage – être inquiet – en avoir assez – mordre la poussière – grandir trop vite – en faire toute une histoire – trembler de peur – dormir comme un loir.

② **Indique avec quel auxiliaire se conjuguent les verbes suivants et conjugue-les à toutes les personnes du passé composé puis du plus-que-parfait :**

sauter – revenir – entrer – disparaître – conduire – aller – arriver – éteindre – écouter – intervenir.

③ **Complète en conjuguant les verbes au temps demandé.**

Tu (courir, passé composé) à toute vitesse. La foudre (casser, plus-que-parfait) une aile du moulin. Ce sont les lapins de Paul qui (franchir, passé composé) la porte. Ils (rentrer, plus-que-parfait) aussi par la fenêtre ouverte. Vous (venir, plus-que-parfait) passer des vacances ici. Même que le chant de la chouette vous (réveiller, plus-que-parfait) la nuit où vous (arriver, plus-que-parfait). Nous (vivre, passé composé) des heures merveilleuses ici. Nous (ne pas oublier, passé composé). Nous nous souviendrons des soirées que nous (passer, passé composé) avec vous.

④ **Rendez-vous à la page 44 de Nature à Lire :** *(lignes 1 à 60).*

• Relève les verbes conjugués au passé composé et ceux conjugués au plus-que-parfait. Conjugue-les à toutes les personnes.

JE M'ÉVALUE

Tout de suite

① **Conjugue à toutes les personnes du passé composé et du plus-que-parfait.**

tourner – guérir – attendre – offrir – produire – descendre – apparaître – s'asseoir – boire – habiller.

② **Mets les expressions suivantes au passé composé, puis au plus-que-parfait en conjuguant les verbes à la 3e personne du singulier (elle) :**

aller au bout du monde – prendre sa voiture – rester immobile – aller et venir – répondre juste – arriver en retard – recevoir une lettre – être patient – mourir de peur.

Plus tard

① **Conjugue à toutes les personnes du passé composé et du plus-que-parfait.**

tenir – recevoir – revenir – sortir – appeler – vieillir – mordre – naître – couvrir – falloir.

② **Écris un texte de quatre phrases comprenant :**
- un passé composé avec AVOIR
- un passé composé avec ÊTRE
- un plus-que-parfait avec AVOIR
- un plus-que-parfait avec ÊTRE

FORME ACTIVE ET FORME PASSIVE

MON CONTRAT *Reconnaître les formes active et passive. Savoir les construire et les utiliser dans un projet d'écriture.*

J'EXPLORE

Au fil de la Loire
p. 190 et 191

① **De quoi est-il question ici ? Cite les différents lieux sélectionnés. Que fait Charles VII à partir de 1420 ? Quelle est l'originalité de Villandry ?**

② **Pages 190 et 191**
   [a] Dans le texte sur Chinon, relève les sujets des verbes.
   [b] Y a-t-il une phrase dans laquelle le sujet peut devenir COD (en la transformant) ? Si oui, fais cette transformation.
   [c] Même travail [a] et [b] sur le texte du Plessis-Bourré.
   [d] Les deux phrases que tu as relevées sont construites de la même manière. Quelles sont leurs caractéristiques ?

③ **Dans la transformation, que se passe-t-il ?**

④ **À ton avis, quelle règle peut-on en tirer ?**

CE QUE JE DOIS SAVOIR
FORME ACTIVE ET FORME PASSIVE

[1] À la **forme active**, le **sujet fait directement l'action**.

Le cheval tire la charrette.
  sujet   COD

[2] À la **forme passive**, le **sujet subit l'action** qui est **faite par le complément d'agent**.

La charrette est tirée par le cheval.
  sujet   complément d'agent

[3] Pour transformer une phrase **de la forme active à la forme passive**, il faut également **conjuguer l'auxiliaire ÊTRE** (au temps du verbe de la forme active) et ajouter le **participe passé** (correctement accordé) du verbe de la forme active.

*Le vent **emportera** les tuiles.*

*Les tuiles **seront emportées** par le vent.*

*Le boucher **a coupé** la viande.*

*La viande **a été coupée** par le boucher.*

JE M'ENTRAÎNE

① **Transforme à la forme passive (respecte les temps et accorde) :**

Le patron de l'usine annonce une augmentation. → …
Les chasseurs ont aperçu le cerf. → …
Paul a soigné ce petit chat. → …
Zola avait écrit *Germinal*. → …
Des milliers d'animaux peuplaient la forêt. → …
Soudain, le vent arrache avec violence les arbres. → …

② **Transforme à la forme active (respecte les temps et accorde) :**

Le héros est accueilli par tout le village. → …
Le piéton a été renversé par le cycliste. → …
L'atterrissage avait été retardé par le brouillard. → …
Nos dents sont efficacement protégées par ce dentifrice. → …
Toutes les femmes sont attirées par ce parfum. → …
Sur le terrain du stade toulousain le match de rugby
a été remporté par les Brivistes. → …

③ **Emploie chacun de ces verbes dans une phrase à la forme passive :**

donner – mordre – faire – arracher – heurter.

④ **Rendez-vous à la page 22 de Nature à Lire :** *(lignes 1 à 44).*

• Trouve trois phrases pouvant être transformées de la forme active à la forme passive. Effectue ces transformations.

JE M'ÉVALUE

Tout de suite

① **Mets à la forme passive.**

Pierre change la roue du vélo d'Anne. Mes parents ont acheté une nouvelle voiture. Paul a construit tout seul sa maison de vacances. Le vent a agité les branches des arbres. Au bout de cinq jours, les pirates trouvaient le trésor.

② **Emploie chacun de ces verbes dans une phrase à la forme passive :**

conduire – envahir – présenter – vendre – emporter.

Plus tard

① **Transforme à la forme active (respecte les temps et accorde).**

Roxane a été mordue par le chien. Elle a été aussitôt examinée par le médecin. Le bateau a été renversé par les vagues. Le rocher a été heurté par le bateau. Sa symphonie avait été interprétée par le grand orchestre.

p q p.

② **Construis un texte de cinq phrases à la forme passive en respectant les consignes suivantes :**

Phrase 1 : verbe **prendre** (auxiliaire au passé composé)
Phrase 2 : verbe **promettre** (auxiliaire au plus-que-parfait)
Phrase 3 : verbe **chanter** (auxiliaire au présent)
Phrase 4 : verbe **apercevoir** (auxiliaire au passé composé)
Phrase 5 : verbe **choisir** (auxiliaire au plus-que-parfait)

VERBES À LA FORME PRONOMINALE

MON CONTRAT — *Reconnaître les verbes à la forme pronominale. Savoir en construire. Être capable de les utiliser dans un projet d'écriture.*

J'EXPLORE

Les mangeurs de châtaignes
A. Grousset
p. 164

① **Où va Antoine ? Qu'emporte-t-il avec lui ? Pourquoi ? Que fait le frère d'Antoine ? Explique.**

② **Lignes 12 à 61**
  [a] À quelles personnes sont conjugués les différents verbes ?
  [b] À quelles personnes sont les pronoms personnels compléments correspondants ?
  [c] Est-ce que des verbes peuvent s'employer sans **se** ou **s'** ?
  [d] Fais des phrases dans lesquelles tu emploies les verbes sans **se** ou **s'**.
  [e] Trouve d'autres verbes que l'on pourrait faire précéder de **se** ou **s'**.
  [f] Que remarques-tu au niveau du sens de ces verbes (avec et sans **se** ou **s'**) ?

③ **Quelle règle peux-tu tirer de cette analyse ?**

CE QUE JE DOIS SAVOIR — VERBES À LA FORME PRONOMINALE

[1] Un verbe est à la **forme pronominale** quand il est **précédé d'un pronom personnel complément** désignant la même personne que le sujet (me, te, se, nous, vous ...), c'est un **pronom réfléchi**.

Le vent s'est levé.
Nous nous dépêchons de sortir.

[2] De nombreux verbes peuvent se mettre à la forme pronominale :

laver → se laver.   sauver → se sauver.
Je me lave. Tu te laves. Il se lave. Nous nous lavons. Vous vous lavez. Ils se lavent.

[3] Certains verbes ne se rencontrent qu'à la forme pronominale :

se souvenir, se prélasser, se moquer...

[4] Les temps composés d'un verbe pronominal se conjuguent toujours avec l'auxiliaire **ÊTRE**.

Attention : voir page 90, les règles d'accord des participes passés des verbes pronominaux employés avec ÊTRE.

JE M'ENTRAÎNE

① **Mets les verbes suivants à la forme pronominale et emploie-les dans des phrases (un verbe par phrase) :**

admirer – réveiller – tenir – heurter – salir.

② **Classe les verbes suivants en deux catégories : ceux qui ne sont pas toujours à la forme pronominale et ceux qui se rencontrent essentiellement à la forme pronominale.**

se risquer – se pencher – se soucier – se battre – se perdre – se blottir – s'envoler – s'éteindre – se poursuivre – s'élancer – se fier – se taire – s'agenouiller – se plaindre – se vautrer – s'apercevoir – se briser – s'emparer – se démener – s'instruire.

③ **Conjugue les verbes, dans les expressions suivantes, à la 1re personne du singulier et à la 1re personne du pluriel du présent et de l'imparfait de l'indicatif :**

s'approcher du sommet – se protéger du froid – s'évanouir de peur – s'asseoir sur un banc – s'étendre sur la plage – se salir en jouant – s'accouder à la fenêtre – se blottir contre maman.

④ **Rendez-vous à la page 170 de Nature à Lire :** *(lignes 1 à 68)*.

• Relève les différents verbes. Donne leur infinitif. Mets-les à la forme pronominale, si c'est possible, et construis une phrase avec chacun d'eux.

JE M'ÉVALUE

Tout de suite

① **Voici une liste de verbes. Quels sont ceux qui peuvent se mettre à la forme pronominale ? Conjugue-les à la 2ᵉ personne du singulier du passé composé.**

voyager – plier – protéger – devoir – rester – ranger – avancer – distraire – paraître - soigner – naître – habiller.

② **Complète avec les pronoms personnels qui conviennent (afin que les verbes soient à la forme pronominale) :**

Le wagon ... sépare lentement de la locomotive. Je ... aperçois que je ... suis trompé. Nous ... tenons à votre disposition. Elle ... est montrée trop gentille et il ... en est bien vite aperçu. Vous ... dépêchez ! Tu ... étais sali comme un enfant.

Plus tard

① **Conjugue les verbes dans les expressions suivantes, à la 2ᵉ personne du singulier et à la 3ᵉ personne du pluriel du passé composé et du plus-que-parfait :**

se coucher tôt – se rendre au travail – se déplacer rapidement – se tenir prêt – se plonger dans l'eau – se distraire avec un bon livre – s'apitoyer sur son sort – se battre comme des chiffonniers.

② **Construis un texte de quatre phrases avec quatre verbes essentiellement pronominaux.**

Le Subjonctif Présent

MON CONTRAT — *Connaître le rôle du subjonctif présent et savoir conjuguer les principaux verbes.*

J'EXPLORE

Pendant que la mer...
Yves Pinguilly
p. 18

① **Où se déroule cette histoire ? À quelle période de l'année ? Résume ce que l'auteur dit du ciel.**

② **Lignes 1 à 26**
  [a] Relève les verbes de ce passage.
  [b] Classe-les en deux catégories : ceux qui sont au présent et les autres.
  [c] Mets de côté les phrases qui expriment un ordre, un souhait, un conseil.
  [d] Que constates-tu avant les verbes des phrases trouvées en [c] ? Par quelle conjonction sont-ils précédés ?

③ **Peut-on supprimer cette conjonction ? Pourquoi ?**

④ **Ces verbes sont-ils au présent ? Qu'en penses-tu ?**

CE QUE JE DOIS SAVOIR — LE SUBJONCTIF PRÉSENT

[1] Le **mode subjonctif** permet d'exprimer un **ordre**, un **conseil**, un **souhait**, un **doute** ou une **éventualité**. La conjonction de subordination **que** (ou **qu'**) **précède le verbe** au subjonctif qui se termine toujours par : **-e, -es, -e, -ions, -iez, ent** (sauf ÊTRE et AVOIR).

Chanter *(1ᵉʳ gr.)*
que je chant**e**
que tu chant**es**
qu'il, qu'elle chant**e**
que nous chant**ions**
que vous chant**iez**
qu'ils, qu'elles chant**ent**

Finir *(2ᵉ gr.)*
que je fin**isse**
que tu fin**isses**
qu'il, qu'elle fin**isse**
que nous fin**issions**
que vous fin**issiez**
qu'ils, qu'elles fin**issent**

Avoir
que j'**aie**
que tu **aies**
qu'il, qu'elle **ait**
que nous **ayons**
que vous **ayez**
qu'ils, qu'elles **aient**

Prendre *(3ᵉ gr.)*
que je prenn**e**
que tu prenn**es**
qu'il, qu'elle prenn**e**
que nous pren**ions**
que vous pren**iez**
qu'ils, qu'elles prenn**ent**

Aller *(3ᵉ gr.)*
que j'**aille**
que tu **ailles**
qu'il, qu'elle **aille**
que nous all**ions**
que vous all**iez**
qu'ils, qu'elles **aillent**

Être
que je **sois**
que tu **sois**
qu'il, qu'elle **soit**
que nous **soyons**
que vous **soyez**
qu'ils, qu'elles **soient**

JE M'ENTRAÎNE

① **Complète avec le pronom personnel qui convient :**

Il faut que ... ailles. Il faut que .... écoutions. Il faut qu' ... aient. Il faut que .... mettiez. Il faut que ... pétrisse. Il faut qu'... chante. Il faut que ... deviennes. Il faut que ... fassions.

② **En t'aidant du tableau CE QUE JE DOIS SAVOIR, conjugue les verbes suivants au subjonctif présent :**

étudier – courir – voir – avoir – aimer – souhaiter.

③ **Conjugue les verbes suivants au subjonctif présent :**

On s'est installés sur la terrasse pour que vous (avoir) une place. Maman a planté le parasol pour que notre tête (être) protégée. Tu ne veux pas venir avec moi dans l'eau pour que nous (jouer) au ballon. Il faut que tu te (rafraîchir). Apporte la serviette à Paul afin qu'il n' (attraper) pas froid. Voulez-vous que j'(aller) chercher le pique-nique pour que les enfants (déjeuner) ensemble sur la plage ? Il faut que je le (faire) !

④ **Rendez-vous à la page 40 de Nature à Lire :** *(lignes 1 à 21).*

• Relève tous les verbes et conjugue-les au subjonctif présent à la 1ʳᵉ personne du singulier et à la 1ʳᵉ personne du pluriel.

⑤ **Rendez-vous à la page 127 de Nature à Lire.**

• Réécris le 1ᵉʳ paragraphe de la recette : « Blanc de turbot rôti... » en faisant précéder chaque phrase de : *Il faut que tu...*

JE M'ÉVALUE

Tout de suite

① **Conjugue les verbes à la 3ᵉ personne du singulier et à la 2ᵉ personne du pluriel du subjonctif présent :**

dormir – rire – plaire – vivre – vouloir – ouvrir – rendre – payer – joindre – croire.

② **Complète au subjonctif présent :**

Il faut que tu aill… . Il faut que nous parl… . Il faut qu'elles finiss… . Il faut que tu le fass… . Il faut que vous part… . Il faut que je conduis… . Il ne faut pas que tu boi… . Il ne faut pas que vous cri… .

Plus tard

① **Conjugue les verbes à la 2ᵉ personne du singulier et à la 3ᵉ personne du pluriel du subjonctif présent :**

ralentir – pouvoir – marcher – penser – obtenir – remuer – hésiter – continuer – prévenir – savoir.

② **Conjugue cette phrase à toutes les personnes du subjonctif présent :**

Il est souhaitable que je dorme, me repose, parte en voyage, que je songe à prendre soin de moi et que j'aille te retrouver à l'autre bout du monde.

③ **Donne dix conseils à ton (ta) meilleur(e) ami(e), chacun commençant par :**

Il faut que tu…

LE CONDITIONNEL PRÉSENT

MON CONTRAT — *Connaître le rôle du conditionnel présent et savoir conjuguer les principaux verbes.*

J'EXPLORE

Le fil à retordre
Claude Bourgeyx
p. 38

① **Que signifie l'expression "donner du fil à retordre" ? Comment l'interprète Gégé-la-Flemme ? Que pense-t-il de sa maîtresse d'école ?**

② **Lignes 1 à 28**
  [a] Relève les verbes conjugués.
  [b] Réécris les phrases qui expriment un souhait, une possibilité, une condition.
  [c] Que constates-tu sur les terminaisons des verbes conjugués dans ces phrases ?
  [d] Les actions de ces verbes des phrases trouvées en [b] se passent-elles dans le présent ? le passé ? le futur ?

③ **Cherche si certains de ces verbes sont précédés d'une proposition exprimant une condition introduite par si (ou s'il). À quel temps sont les verbes de ces propositions ?**

④ **Que peux-tu dire sur la formation du conditionnel présent ?**

CE QUE JE DOIS SAVOIR — LE CONDITIONNEL PRÉSENT

[1] Le **conditionnel présent** exprime une **possibilité**, une **éventualité** ou un **souhait**. Il est généralement **précédé d'une proposition exprimant une condition** introduite par **si** (ou **s'il**) et dont le verbe est à l'imparfait de l'indicatif.

Si tu voulais, tu serais le meilleur.
   imparfait   conditionnel

[2] Terminaisons : Au conditionnel présent, **tous les verbes** se terminent par : **-AIS, -AIS, -AIT, -IONS, -IEZ, -AIENT** et **se construisent** comme le **futur de l'indicatif**.

Parler (1er gr.)	**Grandir** (2e gr.)	**Aller** (3e gr.)	**Être**
Je parler**ais**	Je grandir**ais**	J'ir**ais**	Je ser**ais**
Tu parler**ais**	Tu grandir**ais**	Tu ir**ais**	Tu ser**ais**
Il, elle parler**ait**	Il, elle grandir**ait**	Il, elle ir**ait**	Il, elle ser**ait**
Nous parler**ions**	Nous grandir**ions**	Nous ir**ions**	Nous ser**ions**
Vous parler**iez**	Vous grandir**iez**	Vous ir**iez**	Vous ser**iez**
Ils, elles parler**aient**	Ils, elles grandir**aient**	Ils, elles ir**aient**	Ils, elles ser**aient**

JE M'ENTRAÎNE

① **Relève les verbes qui sont au conditionnel présent dans les phrases suivantes :**

Tu aurais intérêt à partir tout de suite. Si tu allais à ce concert tu serais ravie. Je partirai avec toi, si tu le veux. Si vous écoutiez davantage, vous travailleriez mieux. Je m'en occuperai un autre jour. S'il avait envie de venir, il téléphonerait. Si tu te décidais, je te suivrais.

② **Conjugue ces dix verbes à la 1ʳᵉ personne du singulier et à la 1ʳᵉ personne du pluriel du conditionnel présent :**

poser – distinguer – devenir – pouvoir – lire – acheter – observer – écrire – croire – fuir.

③ **Conjugue les verbes au conditionnel présent.**

Si j'avais de la chance, je (gagner) au loto. Alors, j'(acheter) une maison et je (partir) en voyage. Mes amis (venir) sûrement me voir et j'(inviter) plein de monde à une grande fête. Si je vous prêtais ma maison, vous (pouvoir) passer de bonnes vacances. Et s'il faisait beau, nous (aller) nous promener en bord de mer et nous (faire) une grande balade en mer. S'ils venaient, ils (être) bien reçus.

④ **Écris cinq phrases en utilisant le couple imparfait/conditionnel :**

Exemple : Si tu gagnais, ta mère serait contente.

⑤ **Rendez-vous à la page 10 de Nature à Lire :** (lignes 1 à 19).

• Relève les verbes conjugués et conjugue-les à toutes les personnes du conditionnel présent.

JE M'ÉVALUE

Tout de suite

① **Écris au conditionnel présent les verbes des expressions ci-dessous (toutes les personnes) :**

sauter à pieds joints – atterrir en catastrophe – manger comme un ogre – être téméraire – avoir envie de jouer – partir au bout du monde – chercher son chemin.

② **Conjugue ces dix verbes à la 2ᵉ personne du singulier et à la 3ᵉ personne du pluriel du conditionnel présent :**

mettre – raconter – écouter – penser – souhaiter – voir – perdre – continuer – comprendre – cueillir.

Plus tard

① **Conjugue ces dix verbes à la 3ᵉ personne du singulier et à la 1ʳᵉ personne du pluriel du conditionnel présent. Conjugue-les aussi à la 1ʳᵉ personne du pluriel du futur simple :**

couper – faiblir – battre – se précipiter – se baigner – bondir – sourire – multiplier – conclure – interrompre.

② **Complète avec un verbe et une proposition de ton choix :**

Si maman savait cela, elle … .
Si tu révisais, tu … .
Si tes amis venaient, ils … .
Si nous connaissions tes amis, nous … .
Si la maîtresse m'en parlait, je… .

L'Impératif Présent

Mon Contrat — *Connaître le rôle de l'impératif présent et savoir conjuguer les principaux verbes.*

J'explore

Premières disparitions
Christian Louis
p. 56

① **Quel temps fait-il ? Qui est Hippolyte ? Décris-le. Qui rencontre-t-il ? Que cherche Hippolyte ? Pourquoi ?**

② **Lignes 44 à 70**
  [a] Relève les différents verbes conjugués. Donne leur infinitif.
  [b] Cherche les sujets des verbes. Que constates-tu ?
  [c] Certains verbes n'ont pas de sujet. Cherche quel(s) sujets(s) on pourrait indiquer pour chacun d'eux. Qu'expriment ces verbes ?
  [d] Si on rajoute un sujet à ces verbes, à quel temps sont-ils conjugués ?
  [e] Est-ce que ces verbes (conjugués sans sujet apparent) peuvent être conjugués à toutes les personnes du singulier et du pluriel ?

③ **À ton avis, à quel temps (de quel mode) sont conjugués ces verbes.**

CE QUE JE DOIS SAVOIR — L'IMPÉRATIF PRÉSENT

[1] L'**impératif** sert à exprimer un **ordre**, un **conseil**, une **interdiction**, un **encouragement**. Il ne se conjugue qu'à trois personnes : **2ᵉ personne du singulier, 1ʳᵉ et 2ᵉ personnes du pluriel**, sans sujets exprimés.

[2] La terminaison de la **2ᵉ personne du singulier** est **toujours e** pour les verbes du **1ᵉʳ groupe** (et ceux de la catégorie de cueillir et de savoir) et **s** pour les **autres verbes**. Exceptions : aller → va et avoir → aie.

[3] Par euphonie, on écrit : coupes-en, vas-y, retournes-y.

	Manger (1ᵉʳ gr.)	**Réussir** (2ᵉ gr.)	**Étudier** (1ᵉʳ gr.)	**Être**
2ᵉ personne du singulier	Mang**e**	Réussi**s**	Étudi**e**	**Sois**
1ʳᵉ personne du pluriel	Mang**eons**	Réussiss**ons**	Étudi**ons**	**Soyons**
2ᵉ personne du pluriel	Mang**ez**	Réussiss**ez**	Étudi**ez**	**Soyez**
	Faire (3ᵉ gr.)	**Répondre** (3ᵉ gr.)	**Savoir** (3ᵉ gr.)	**Avoir**
2ᵉ personne du singulier	Fai**s**	Répond**s**	Sach**e**	**Aie**
1ʳᵉ personne du pluriel	Fais**ons**	Répond**ons**	Sach**ons**	**Ayons**
2ᵉ personne du pluriel	Fait**es**	Répond**ez**	Sach**ez**	**Ayez**

JE M'ENTRAÎNE

① **Transforme les phrases suivantes pour obtenir le présent de l'impératif :**

Tu écoutes cette chanson. → *Écoute cette chanson.*

À toi :
Vous prenez le train. → …
Tu ne te salis pas. → …
Nous ne sommes pas en retard. → …
Vous nous téléphonez. → …
Tu te laves. → …
Tu es le meilleur. → …
Nous avons de la patience. → …
Vous ne fumez pas. → …

② **Conjugue les verbes suivants aux trois personnes de l'impératif présent :**

écrire – prendre – finir – boire – recevoir – garder – punir – dire.

③ **Conjugue les verbes suivants entre parenthèses à l'impératif présent :**

N'(hésiter) pas, (acheter) ce livre. *(2ᵉ personne du singulier)* → …
Ne (flâner) pas, (terminer) plutôt votre travail. *(2ᵉ personne du pluriel)* → …
N'(écrire) pas tout de suite, (réfléchir) avant. *(1ʳᵉ personne du pluriel)* → …
N'(attraper) pas froid, (conserver) ta veste. *(2ᵉ personne du singulier)* → …
N'(avoir) pas peur, (être) courageux. *(2ᵉ personne du singulier)* → …

④ **Rendez-vous à la page 37 de Nature à Lire.**

• Relève les verbes à l'impératif présent. Conjugue-les à toutes les personnes de l'impératif. Transforme-les au présent de l'indicatif en imaginant un sujet.

JE M'ÉVALUE

Tout de suite

① **Conjugue ces dix verbes aux trois personnes de l'impératif présent :**

avouer – courir – offrir – se plaindre – couper – attendre – rester – bondir – boire – fuir.

② **Transforme les phrases suivantes pour obtenir le présent de l'impératif :**

Tu conduis calmement. → …
Nous donnons le départ. → …
Vous êtes propres. → …
Tu poursuis tes efforts. → …
Vous vivez tranquillement. → …
Tu ranges tes affaires. → …
Nous changeons de route. → …
Vous savez vous y prendre. → …

Plus tard

① **Conjugue ces dix verbes aux trois personnes de l'impératif présent :**

oublier – tenir – cueillir – s'excuser – trancher – comprendre – chanter – obéir – croire – recevoir.

② **Construis cinq phrases avec les verbes suivants conjugués à l'impératif présent :**

Être *(2ᵉ personne du singulier)* → …
Vouloir *(2ᵉ personne du pluriel)* → …
Aller *(1ʳᵉ personne du pluriel)* → …
Dire *(2ᵉ personne du singulier)* → …
Mettre *(1ʳᵉ personne du pluriel)* → …

LES VERBES IMPERSONNELS

MON CONTRAT — *Identifier ce qu'est un verbe impersonnel. Reconnaître une tournure impersonnelle. Savoir les utiliser dans un projet d'écriture.*

J'EXPLORE

Hugo le terrible
Maryse Condé
p. 194

① **Qu'est-ce que les personnages de cette histoire redoutent ? De quoi s'agit-il ? Quel est son nom ? De quoi a peur Bonne Maman ?**

② **Lignes 1 à 30**
- [a] Relève les verbes conjugués.
- [b] Retrouve l'infinitif de chacun des verbes conjugués.
- [c] À quelle(s) personne(s) sont-ils employés ?
- [d] Observe les verbes dont les sujets sont des personnes (pronom personnel), peux-tu remplacer le pronom personnel par un nom ou un groupe nominal ? Pourquoi ?

③ **La personne employée représente-t-elle quelqu'un ? oui ? Sinon, explique.**

④ **Que peut-on dire du sujet de ces verbes ? Que peut-on dire de ces verbes ?**

CE QUE JE DOIS SAVOIR : LES VERBES IMPERSONNELS

[1] Un **verbe impersonnel** est un verbe dont le **sujet** ne représente **ni une personne, ni un animal, ni une chose définis**.
Les verbes impersonnels ne se conjuguent qu'à la **3ᵉ personne du singulier**, avec le sujet **il**.

Il pleut.

[2] Il y a des verbes **essentiellement** impersonnels :

pleuvoir, neiger, grêler, falloir...

[3] **Certains verbes** peuvent avoir **un emploi impersonnel** : c'est une **tournure impersonnelle**.

Il fait froid.
Il paraît que tu pars ?

[4] Ces verbes ou tournures impersonnels s'emploient à tous les temps, tous les modes, **sauf à l'impératif**.

JE M'ENTRAÎNE

① **Souligne les verbes ou tournures impersonnels :**

Il pleut. Il va et vient. Il marche sur le trottoir. Il faut que tu ailles. Il doit relire sa leçon. Il a neigé cette nuit. Il fait chaud à l'intérieur. Il fait ce qu'il peut. Il n'y songe pas. Il paraît que tu ne veux pas.

② **Conjugue les verbes des expressions suivantes à tous les temps que tu connais (présent de l'indicatif, imparfait, passé simple, futur simple, passé composé, plus-que-parfait, subjonctif présent, conditionnel présent) :**

pleuvoir fort – neiger à gros flocons – faire des pieds et des mains – geler à pierre fendre – falloir rentrer.

③ **Mets les phrases suivantes à la tournure impersonnelle :**

Se laver les mains avant de manger est nécessaire. → *Il est nécessaire de se laver les mains avant de manger.*

À toi :
Un grand désordre règne dans cette chambre. → …
Quatre joueurs restent sélectionnés. → …
Une grande catastrophe s'est produite ici. → …
Se brosser les dents après chaque repas est conseillé. → …
Un cyclone est attendu en Martinique. → …
La maman de Paul paraît avoir très peur. → …

④ **Rendez-vous à la page 173 de Nature à Lire :** *(texte Lundi 3 Août 1914).*

• Relève toutes les phrases comportant des verbes impersonnels ou des tournures impersonnelles. Conjugue-les à tous les temps que tu connais (voir exercice ② de JE M'ENTRAÎNE).

JE M'ÉVALUE

Tout de suite

① **Conjugue les verbes de ces expressions à tous les temps que tu connais (présent de l'indicatif, imparfait, passé simple, futur simple, passé composé, plus-que-parfait, subjonctif présent, conditionnel présent) :**

exister de belles régions en France – arriver du large un vent violent – falloir rembourser – tonner fort – faire un temps exécrable – sembler que l'orage se calme.

② **Mets les phrases suivantes à la tournure impersonnelle :**

Des sous-sols montent des bruits sourds. → …
Quelque chose de merveilleux va vous arriver. → …
Un vent terrible a soufflé toute la nuit. → …
Des tuiles et des morceaux de bois volaient de toutes parts. → …
Le vent chaud passait sous la porte mal jointe. → …
Des dégâts importants ont eu lieu en ville. → …

Plus tard

① **Conjugue les verbes de ces expressions à tous les temps que tu connais (présent de l'indicatif, imparfait, passé simple, futur simple, passé composé, plus-que-parfait, subjonctif présent, conditionnel présent) :**

être midi – grêler toute la nuit – faire froid – y avoir longtemps – ne pas neiger – ne pas falloir le disputer.

② **Construis cinq phrases avec trois verbes impersonnels et deux verbes employés à la tournure impersonnelle.**

MÉMENTO

LES 100 MOTS INVARIABLES LES PLUS SOUVENT UTILISÉS

afin	certes	hier	ni	selon
ailleurs	combien	hormis	parce que	si
ainsi	comme	hors	parfois	sitôt
alors	comment	huit	pendant	soudain
après	dedans	ici	peu	sous
assez	dehors	ici et là	peu à peu	souvent
au-dessous	déjà	jadis	peut-être	tant
au-dessus	depuis	jamais	plus	tant mieux
aujourd'hui	désormais	loin	plusieurs	tant pis
auparavant	dès que	longtemps	pour	tantôt
auprès	dessous	lors	pourquoi	tard
aussi	dessus	lorsque	pourtant	tellement
aussitôt	donc	maintenant	près	très
autant	dont	mais	quatre	trop
autrefois	dorénavant	malgré	que	toujours
avant-hier	encore	mieux	quelquefois	vers
avec	enfin	mille	qui	voici
beaucoup	ensuite	moins	quiconque	voilà
bientôt	guère	naguère	quoi	volontiers
cependant	hélas	néanmoins	sans	vraiment

Mode Indicatif

Passé : hier, autrefois, avant...

	Plus-que-parfait	**Passé Composé**	**Imparfait**	**Passé Simple**
Verbes du 1ᵉʳ groupe				
Infinitif : **chanter** Participe présent : **chantant** Participe passé : **chanté**	J'**avais** chanté Nous **avions** chanté	J'**ai** chanté Nous **avons** chanté	Je chant**ais** Nous chant**ions**	Je chant**ai** Nous chant**âmes**
Infinitif : **appeler** Participe présent : **appelant** Participe passé : **appelé**	J'**avais** appelé Nous **avions** appelé	J'**ai** appelé Nous **avons** appelé	J'appel**ais** Nous appel**ions**	J'appel**ai** Nous appel**âmes**
Infinitif : **jeter** Participe présent : **jetant** Participe passé : **jeté**	J'**avais** jeté Nous **avions** jeté	J'**ai** jeté Nous **avons** jeté	Je jet**ais** Nous jet**ions**	Je jet**ai** Nous jet**âmes**
Infinitif : **acheter** Participe présent : **achetant** Participe passé : **acheté**	J'**avais** acheté Nous **avions** acheté	J'**ai** acheté Nous **avons** acheté	J'achet**ais** Nous achet**ions**	J'achet**ai** Nous achet**âmes**
Infinitif : **appuyer** Participe présent : **appuyant** Participe passé : **appuyé**	J'**avais** appuyé Nous **avions** appuyé	J'**ai** appuyé Nous **avons** appuyé	J'appuy**ais** Nous appuy**ions**	J'appuy**ai** Nous appuy**âmes**
Infinitif : **crier** Participe présent : **criant** Participe passé : **crié**	J'**avais** crié Nous **avions** crié	J'**ai** crié Nous **avons** crié	Je cri**ais** Nous cri**ions**	Je cri**ai** Nous cri**âmes**

PRÉSENT : maintenant…	Futur : demain…	Mode Subjonctif	Mode Conditionnel	Mode Impératif
PRÉSENT	**FUTUR SIMPLE**	**PRÉSENT**	**PRÉSENT**	**PRÉSENT**
chante Nous chantons	Je chanterai Nous chanterons	Que je chante Que nous chantions	Je chanterais Nous chanterions	Chante Chantons
appelle Nous appelons	J'appellerai Nous appellerons	Que j'appelle Que nous appelions	J'appellerais Nous appellerions	Appelle Appelons
jette Nous jetons	Je jetterai Nous jetterons	Que je jette Que nous jetions	Je jetterais Nous jetterions	Jette Jetons
achète Nous achetons	J'achèterai Nous achèterons	Que j'achète Que nous achetions	J'achèterais Nous achèterions	Achète Achetons
appuie Nous appuyons	J'appuierai Nous appuierons	Que j'appuie Que nous appuyions	J'appuierais Nous appuierions	Appuie Appuyons
crie Nous crions	Je crierai Nous crierons	Que je crie Que nous criions	Je crierais Nous crierions	Crie Crions

Mode Indicatif

Passé : hier, autrefois, avant…

	PLUS-QUE-PARFAIT	**PASSÉ COMPOSÉ**	**IMPARFAIT**	**PASSÉ SIMPLE**
VERBES DU 2ᵉ GROUPE Infinitif : **finir** Participe présent : **finissant** Participe passé : **fini**	J'**avais** fini Nous **avions** fini	J'**ai** fini Nous **avons** fini	Je finiss**ais** Nous finiss**ions**	Je fin**is** Nous fin**îmes**
AUXILIAIRE ÊTRE Participe présent : **étant** Participe passé : **été**	J'**avais** été Nous **avions** été	J'**ai** été Nous **avons** été	J'ét**ais** Nous ét**ions**	Je fus Nous f**ûmes**
AUXILIAIRE AVOIR Participe présent : **ayant** Participe passé : **eu**	J'**avais** eu Nous **avions** eu	J'**ai** eu Nous **avons** eu	J'av**ais** Nous av**ions**	J'**eus** Nous e**ûmes**
VERBES DU 3ᵉ GROUPE Infinitif : **faire** Participe présent : **faisant** Participe passé : **fait**	J'**avais** fait Nous **avions** fait	J'**ai** fait Nous **avons** fait	Je fais**ais** Nous fais**ions**	Je f**is** Nous f**îmes**
Infinitif : **venir** Participe présent : **venant** Participe passé : **venu**	J'**étais** venu(e) Nous **étions** venu(e)s	Je **suis** venu(e) Nous **sommes** venu(e)s	Je ven**ais** Nous ven**ions**	Je v**ins** Nous v**înmes**
Infinitif : **vouloir** Participe présent : **voulant** Participe passé : **voulu**	J'**avais** voulu Nous **avions** voulu	J'**ai** voulu Nous **avons** voulu	Je voul**ais** Nous voul**ions**	Je voul**us** Nous voul**ûmes**

		Mode Subjonctif	Mode Conditionnel	Mode Impératif
Présent : maintenant…	Futur : demain…			
PRÉSENT	**FUTUR SIMPLE**	**PRÉSENT**	**PRÉSENT**	**PRÉSENT**
finis Nous finiss**ons**	Je fini**rai** Nous fini**rons**	Que je finis**se** Que nous finis**sions**	Je fini**rais** Nous fini**rions**	Finis Finiss**ons**
suis Nous **sommes**	Je se**rai** Nous se**rons**	Que je **sois** Que nous **soyons**	Je se**rais** Nous se**rions**	**Sois** **Soyons**
ai Nous **avons**	J'au**rai** Nous au**rons**	Que j'**aie** Que nous **ayons**	J'au**rais** Nous au**rions**	**Aie** **Ayons**
fais Nous fais**ons**	Je fe**rai** Nous fe**rons**	Que je fas**se** Que nous fas**sions**	Je fe**rais** Nous fe**rions**	Fais Fais**ons**
viens Nous ven**ons**	Je viend**rai** Nous viend**rons**	Que je vien**ne** Que nous ven**ions**	Je viend**rais** Nous viend**rions**	Viens Ven**ons**
veu**x** Nous voul**ons**	Je voud**rai** Nous voud**rons**	Que je veuil**le** Que nous voul**ions**	Je voud**rais** Nous voud**rions**	Veu**x** (Veuil**le**) Voul**ons**

Mode Indicatif

Passé : hier, autrefois, avant…

VERBES DU 3ᵉ GROUPE	PLUS-QUE-PARFAIT	PASSÉ COMPOSÉ	IMPARFAIT	PASSÉ SIMPLE
Infinitif : **prendre** Participe présent : **prenant** Participe passé : **pris**	J'**avais** pris Nous **avions** pris	J'**ai** pris Nous **avons** pris	Je pren**ais** Nous pren**ions**	Je pris Nous prîmes
Infinitif : **peindre** Participe présent : **peignant** Participe passé : **peint**	J'**avais** peint Nous **avions** peint	J'**ai** peint Nous avons peint	Je peign**ais** Nous peign**ions**	Je peignis Nous peignîmes
Infinitif : **mettre** Participe présent : **mettant** Participe passé : **mis**	J'**avais** mis Nous **avions** mis	J'**ai** mis Nous **avons** mis	Je mett**ais** Nous mett**ions**	Je mis Nous mî**mes**
Infinitif : **sortir** Participe présent : **sortant** Participe passé : **sorti**	J'**étais** sorti(e) Nous **étions** sorti(e)s	Je **suis** sorti(e) Nous **sommes** sorti(e)s	Je sort**ais** Nous sort**ions**	Je sortis Nous sortîmes
Infinitif : **courir** Participe présent : **courant** Participe passé : **couru**	J'**avais** couru Nous **avions** couru	J'**ai** couru Nous **avons** couru	Je cour**ais** Nous cour**ions**	Je courus Nous cour**û**mes
Infinitif : **connaître** Participe présent : **connaissant** Participe passé : **connu**	J'**avais** connu Nous **avions** connu	J'**ai** connu Nous **avons** connu	Je connaiss**ais** Nous connaiss**ions**	Je connus Nous conn**û**mes

		Mode Subjonctif	Mode Conditionnel	Mode Impératif
ent : maintenant…	Futur : demain…			
PRÉSENT	**FUTUR SIMPLE**	**PRÉSENT**	**PRÉSENT**	**PRÉSENT**
prends us prenons	Je prendrai Nous prendrons	Que je prenne Que nous prenions	Je prendrais Nous prendrions	Prends Prenons
peins us peignons	Je peindrai Nous peindrons	Que je peigne Que nous peignions	Je peindrais Nous peindrions	Peins Peignons
mets us mettons	Je mettrai Nous mettrons	Que je mette Que nous mettions	Je mettrais Nous mettrions	Mets Mettons
sors us sortons	Je sortirai Nous sortirons	Que je sorte Que nous sortions	Je sortirais Nous sortirions	Sors Sortons
cours us courons	Je courrai Nous courrons	Que je coure Que nous courions	Je courrais Nous courrions	Cours Courons
connais us connaissons	Je connaîtrai Nous connaîtrons	Que je connaisse Que nous connaissions	Je connaîtrais Nous connaîtrions	Connais Connaissons

Imprimé en Italie par G. Canale & C. S.p.A. - Borgaro T.se - TURIN